웹소설 작가
튜토리얼 북

잡 JOB 나의 일을 사랑하는 사람들을 소개합니다. 나만의 가치와 신념을 가지고 언제나 열정을 가지고 일하는 당신을 위한
문집 시리즈 책. 가벼운 에피소드부터 진지한 삶의 의미까지. 현실적인 직업 현장의 모습과 조언, 일을 통해 나를 실현하는 통찰
까지 담았습니다.

웹소설 작가 튜토리얼 북
무조건 웹소설 작가로 만들어주는 책

초판1쇄 발행	**지은이**
2025년 7월 31일	드림판다

펴낸이	**펴낸곳**	**주소**	**전화**
김태영	씽크스마트 책짓는 집	경기도 고양시 덕양구 청초로 66 덕은리버워크 B-1403호	02-323-5609

출판사 등록번호	**ISBN**	**정가**	ⓒ 드림판다
제395-313000025 1002001000106호	978-89-6529-465-8 (03800)	13,000원	

이 책을 만든 사람들	**책임편집**	**편집**	**홈페이지**
	김무영	신재혁	www.tsbook.co.kr **인스타그램** @thinksmart.official **이메일** thinksmart@kakao.com

• **씽크스마트** 더 큰 생각으로 통하는 길
'더 큰 생각으로 통하는 길' 위에서 삶의 지혜를 모아 '인문교양, 자기계발, 자녀교육, 어린이 교양·학습, 정치사회, 취미생활' 등 다양한 분야의 도서를 출간합니다. 바람직한 교육관을 세우고 나다움의 힘을 기르며, 세상에서 소외된 부분을 바라봅니다. 첫 원고부터 책의 완성까지 늘 시대를 읽는 기획으로 책을 만들어, 넓고 깊은 생각으로 세상을 살아갈 수 있는 힘을 드리고자 합니다.

• **도서출판 큐** 더 쓸모 있는 책을 만나다
도서출판 큐는 울퉁불퉁한 현실에서 만나는 다양한 질문과 고민에 답하고자 만든 실용교양 임프린트입니다. 새로운 작가와 독자를 개척하며, 변화하는 세상 속에서 책의 쓸모를 키워갑니다. 흥겹게 춤추듯 시대의 변화에 맞는 '더 쓸모 있는 책'을 만들겠습니다.

자신만의 생각이나 이야기를 펼치고 싶은 당신. 책으로 사람들에게 전하고 싶은 아이디어나 원고를 메일(thinksmart@kakao.com)로 보내주세요. 씽크스마트는 당신의 소중한 원고를 기다리고 있습니다.

웹소설 작가 튜토리얼 북

무조건 웹소설 작가로 만들어주는 책

 드림판다 지음

프롤로그

웹소설 작가의 빨간약

웹소설 작가 희망편 VS 절망편

웹소설 작가에 대한 장밋빛 이야기가 넘쳐납니다. 웹소설 쓰던 의사가 의사를 때려치우고 전업 작가가 되었다는 이야기, 웹소설 하나로 수백억 원의 매출을 올렸다는 이야기, 웹소설 작가가 스포츠카를 타고 다니더라는 이야기 등등……. 그런 이야기를 들으면 이런 말이 생각납니다.

"성공한 사람의 인생은 성공한 후에 포장되어 평범한 사람의 인생을 망친다."

웹소설 작가가 되는 건 쉽습니다. 문피아나 노벨피아, 네이버 웹소설 등에 작품을 올린 순간 작가가 되니까요. 하지만 최소한 100화 이상을 유료로 연재해본 작가, 즉 프로 작가가 되는 건 훨씬 어렵습니다. 최저임금 이상의 유의미한 수익을 얻는 건 더더욱 어렵고요. 특히 작가로 살아가는 건 차원이 다른 문제입니다. 전업작가는 <u>전업</u>이라서 어렵고 겸업작가는 <u>겸업</u>이라서 어렵습니다.

웹소설 업계에서 [부업]과 [겸업]은 거의 같은 말입니다. 직장이나 자영업체를 다니며 따로 돈을 버는 사람이 부가적인 일을 한다는 뜻이니까요. 다만 부업(副業)보다는 겸업(兼業)이라는 말이 좀 더 많이 사용되고 있습니다.

여러분은 최저임금만큼 벌려고 웹소설 업계에 뛰어드시나요? 아마 아닐 겁니다. 적어도 처음에는 대박을 꿈꾸며 글을 쓰지요. 물론 저도 그랬고요. 하지만 성공한 웹소설 작가는 극소수입니다. 수억 원은 고사하고 중소기업 직장인 정도의 수익을 안정적으로 내는 작가조차 생각보다 많지 않습니다. 기성작가나 신인작가가 아니라 '<u>망생이</u>'까지 포함하면 비율이 훨씬 줄어듭니다.

정확한 통계는 아니지만 10%, 아니 5% 이하라고 단언할 수 있습니다.

[망생이]는 데뷔하기 전의 작가지망생을 지칭하는 은어입니다. 좋은 말은 아니지만 웹소설 커뮤니티 등에서 흔히 사용되고 있습니다. 일반적으로 세 작품 이하를 낸 작가를 [신인작가], 그 이상을 [기성작가]로 봅니다.

그래서 요즘에는 피라미드 구조를 넘어 '압정 구조'라는 말까지 나오고 있습니다. 99%는 바닥에 넓게 깔려 있고, 뾰족하게 솟아오른 1%만 성공을 거둔다는 뜻입니다. 다소 과장되긴 했지만 틀린 말은 아닙니다. 독자들의 눈높이가 높아질수록 잘 쓴 작품에 대한 쏠림 현상이 심해지기 마련이니까요. 어떤 산업이든 성숙할수록 부익부 빈익빈이 심해지는 게 '국룰'이기도 하고요.

꿈은 대박작, 현실은 타일작

초조한 마음에 매니지나 에이전시, 브로커 등과 덜컥 계약해서 수많은 '타일작' 중 하나가 되는 경우도 많습니다. "무조건 데뷔시켜준다."라는 말에 혹하는 거지요.

타일작은 바닥에 깔린 타일처럼 하위권에 쌓여 있는 작품이라는 뜻입니다. 내 작품이 타일작이라니?! 소름 끼치지 않으세요?

[매니지]는 [매니지먼트사(社)]의 준말입니다. 대부분의 작가들은 문피아, 시리즈, 카카페(카카오페이지) 같은 플랫폼들과 계약하는 게 아니라 매니지들과 계약합니다. 즉 중간 에이전시인 셈이죠. [시리즈 직계 정연]처럼 플랫폼과 직접 계약하는 경우도 있지만 극소수입니다. 단, 노벨피아 같은 정액제 플랫폼에서는 플랫폼과 직접 계약하는 경우가 많습니다.

플랫폼이나 매니지는 작품이 어지간히 망하지 않는 한 손해를 보지 않습니다. 표지 제작비는 생성형 인공지능이나 저가의 일러레(일러스트레이터)를 쓰면 줄일 수 있고, 선인세는 신인이라는 이유로 안 주거나 최소화할 수 있으니까요. 그래서 최대한 많은 작품과 계약하려고 합니다. 푼돈도 모이면 목돈이 되잖아요?

하지만 작가의 입장은 다릅니다. 200화라면 약 7개월, 150화라면 5개월 동안 매일 한 편씩 써야 합니다. 주

5일 연재일 경우 3개월이 더 들어가고요. 이렇게 오랫동안 열심히 쓴 글이 타일작 취급을 받으며 최저시급의 절반, 심하면 반의 반도 안 되는 수입이 들어오면 얼마나 괴로울까요?

"손가락만 달려 있으면 너도 대박 웹소 작가!"라고 광고하는 분들은 이런 진실을 이야기하지 않습니다. 웹소설 작가가 되는 건 쉽지만 웹소설 작가로 성공하는 건 극히 어렵다는 사실! 이게 "공만 찰 줄 알면 너도 손흥민!"이라는 말과 뭐가 다른가요? 매니지나 플랫폼을 탓하는 게 아닙니다. 근본적인 책임은 어디까지나 작가에게 있습니다. 작가들도 "잘 쓰면 뭔들.", "뜰글뜰(뜰 글은 어차피 뜬다.)"라고 말하니까요. 저는 단지 현실을 말씀드리는 것뿐입니다. 알고 시작하시라는 겁니다.

그래도 도전하고 싶다면?

당신은 남의 말을 죽어도 듣지 않는 타입이거나, 똥인지 된장인지 찍먹해 봐야 직성이 풀리는 타입일 겁니다. 아니면 저처럼 글쓰기 자체를 너무 좋아하거나, 머릿속에 끓어오르는 이야기를 풀어놓지 않으면 견딜 수 없거나, 문창귀인(文昌貴人)의 저주를 받아서 어렸을 때부터 글 잘 쓴다는 소리를 들으며 지역 백일장을 휩쓸었거나요.

문창귀인(文昌貴人)은 글에 대한 재능을 뜻하는 사주명리학 용어입니다.

문창귀인이 왜 저주냐고요? 문창귀인이 없었으면 괜찮은 직장에 들어가서 정상적으로(?) 살 수 있었을 테니까요. 하지만 저는 끝내 그러지 못하고 가족들에게 폐를 끼치며 징역살이하듯 글을 쓰며 살고 있습니다. 조정래 작가님이 말씀하신 '황홀한 글감옥'에서 무기징역을 살고 있는 셈입니다. 이게 저주가 아니면 뭐겠습니까? 당신이 저처럼 저주받았다면 웹소설은 최고의 무대이자 기회입니다. 다른 어떤 분야보다 자유도가 높기 때문입니다. 자본이나 조직 없이 혼자 쓸 수 있다는 것은 생각보다 큰 장점입니다.

제가 20년 넘게 몸담았던 애니메이션 업계는 웹소설 업계와 정반대였습니다. 최소 수억 원에서 수십억 원의 제작비가 투입되기 때문에 철저하게 상업적 논리에서, 제작자와 감독이 요구하는 대로 써야 했습니다. 물론 웹소설도 독자들이 원하는 걸 써야 한다는 점은 같지만 모든 걸 작가가 스스로 결정할 수 있습니다. (나중에 말씀드리겠지만 이런 점은 웹소설의 단점이기도 합니다.)

문자와 종이가 발명된 이후, 소설을 써서 돈을 버는 게 쉬운 시대는 없었습니다. 그러니 지금처럼 큰 시장과 플랫폼들, 많은 독자님들, 체계적인 시스템이 갖춰진 것 자체에 감사해야 하지 않을까요? 생각보다 이런 게 갖춰진 나라가 많지도 않고요. 하지만 시장이 커지고 성숙해진 덕분에 작가들과 작품들의 수준도 많이 높아졌습니다. 몇 년 전에는 문피아 투베 상위권에도 함량 미달의 작품이 드물지 않았는데, 이제는 눈을 씻고 봐도 없습니다. 모든 작품이 일정 수준 이상의 기본기와 재미를 갖추고 있습니다.

[투베]는 웹소설 플랫폼 [문피아]의 '투데이 베스트'의 준말입니다. 투베는 최신화 조회수 기준으로 1등부터 200등까지의 무료 작품을 모아놓은 랭킹 게시판입니다.

"사람처럼만 써도 돈을 벌 수 있다."라는 말이 통하던 몇 년 전과는 비교도 안 될 정도로 경쟁이 치열해졌습니다. 유료화 자체도 어려워졌고 유료 연독을 지키는 것도 훨씬 힘들어졌습니다. 거액을 뿌리며 작가를 유혹하던 플랫폼들은 독점벽을 높이 세워서 다른 플랫폼 출신작들을 차별하고 있습니다. 어느 만화 대사처럼 "어설픈 자는 살아남지 못하는" 업계가 된 것입니다.

[연독률]은 '얼마나 많은 독자들이 이탈하지 않고 계속 따라오느냐(계속 읽느냐)'를 나타내는 지표입니다. 예를 들어 '5화에서 15화까지의 연독률이 60%'라는 말은, 15화의 조회수를 5화의 조회수로 나누었더니 60%가 나왔다는 뜻입니다. 작품의 1화부터 연독률을 계산할 경우 첫 3화와 최신 3화는 빼고 계산합니다. (30화의 경우 4화와 27화를 비교) 연독률도 다른 지표들과 마찬가지로 투베에 오른 뒤에야 의미가 있습니다.

그럼에도 불구하고 도전하고 싶다면, 이 책이 작은 도움이 되어드릴 것입니다.

이 책의 구성
이 책은 "이렇게만 쓰면 당신도 대박 작가가 될 수

있다!"라고 말하지 않습니다. 그건 "국영수 위주로 예습 복습을 잘하면 서울법대에 갈 수 있다!", "팔굽혀펴기 100번, 윗몸일으키기 100번, 스쿼트 100번, 달리기 10km를 매일 하면 원편맨이 될 수 있다!"라는 말과 다를 바 없기 때문입니다. 방법을 아는 것과 실천하는 것, 자신의 것으로 체화(體化)하는 것 사이에는 엄청난 거리가 있습니다. 그리고 누구에게나 적용되는 성공법은 거의 없다고 생각합니다. 우리는 모두 다르니까요.

이 책은 "어떻게 하면 웹소설을 잘 쓸 수 있을까?"보다 "어떻게 해야 성공적인 웹소설 작가가 될 수 있을까?"에 더 가깝습니다. '웹소설을 잘 쓰고 싶은 분들'보다 '웹소설 작가가 되고 싶은 분들'에게 좀 더 초점이 맞춰져 있다는 뜻입니다. 3장의 제목이 "웹소설을 더 잘 쓰고 싶다면"이지만 직접 읽어보시면 알게 되실 겁니다. 일반적인 작법서와는 다르다는 걸요.

1장에서는 웹소설 작가의 삶을 다루었습니다. 작가의 스트레스, 수입, 지속성, 안정성 등에 대해 말씀드렸습니다. 어디까지나 저의 개인적인 경험과 견해이며 작가나 플랫폼, 시기에 따라 현저히 달라질 수 있습니다.

2장에는 초보자가 웹소설 연재를 시작할 때 생각해야 할 점을 담았습니다. 연재를 시작하기 전에 무엇을 준비하고 생각해야 하는지 알게 되실 겁니다. 작품의 방향과 내용, 캐릭터, 장르와 제목, 플랫폼을 정하는 과정을 간접 체험하시게 됩니다.

 3장은 웹소설에 대한 저 나름의 생각을 담았습니다. 이 책의 성격상 그동안 정리했던 내용의 10분의 1도 담을 수 없었습니다. 그래서 나름 핵심적인 내용을 추려서 실었습니다. 조금 전에 말씀드렸듯이 일반적인 작법과는 다르지만 그래서 더더욱 음미해보실 만하다고 생각합니다.

직접 써보는 것보다 좋은 건 없다

 저는 작법서 덕후입니다. 애니메이션 시나리오 작가 시절부터 최소한 백 권 이상의 작법 관련 책을 읽었습니다. 지금 집에 있는 작법서도 영어 원서 포함해서 30권이 넘습니다. 몇 달 전에 이사하면서 많이 버렸는데도 이 정도입니다.

 그런 제가 감히 말씀드리지만 작법서는 나중에 보세요. 이 책도 한 번 읽고 덮어뒀다가, 연재를 시작한 다음에 다시 읽어보세요. 일단 부딪혀 보세요. 비공개 연재도 좋으니 우선 써보시라는 겁니다.

한 화라도 써보고 작법서를 보는 것과 그냥 보는 건 하늘과 땅 차이입니다. 수영장에서 실제로 헤엄쳐 본 다음에 '수영 잘하는 법'을 읽는 것과, 평생 물에 들어가 보지도 않고 '수영 잘하는 법'을 읽는 차이라고 할까요?

이 세상에 존재하는 어떤 작법서도 글쓰기 실력 자체를 높여주진 못합니다. 시행착오를 줄여주고 방향 설정을 도와줄 뿐이죠. 글쓰기 실력은 오직 글을 쓸 때만 늘어납니다. 물론 다른 작품을 인풋하고(다독) 스스로 고민하는(다상량) 것도 실력 향상에 도움이 됩니다. 그러나 이 또한 간접적인 도움일 뿐입니다.

[인풋(input)]은 다른 작품을 읽고 공부하는 것을 말합니다. 웹소설이 아닌 웹툰이나 영화 등을 봐도 인풋이라고 하지만 웹소설을 인풋하는 것만 못합니다. '재벌집 막내아들'을 드라마로 보는 것과 웹소설로 읽는 것은 하늘과 땅 차이입니다.

잘 쓰기 위해서는 무조건 많이 써야 합니다. (다작) 일정 단계를 지나면 많이 쓴다고 해서 잘 써지지는 않지만, 그 구간까지 가기 위해서는 많이 써보는 수밖에 없습니다.

덧붙이는 말씀

한 권의 책에 모든 걸 담을 순 없습니다. 입문 단계에서 세부적인 사항들까지 전부 알 필요도 없고요. 업계나 플랫폼, 매니지, 작가들에 대한 '썰'을 아는 것보다 내 작품에 집중하는 게 백만 배는 더 중요합니다. 내 작품이 아닌 것에 도파민을 낭비하는 것처럼 작가에게 해로운 건 없습니다. 어차피 작가로 살다 보면 싫어도 자연히 알게 될 테고요. 그래서 이 책에는 시시콜콜한 내용까지 담진 않았습니다.

또한 이 책은 남성향 웹소설을 대상으로 하고 있습니다. 남성향 작가들이 보기에 여성향 웹소설 시장은 연재보다 투고의 비중이 높고, 한 질의 분량이 적은 편이며, 출판사(매니지)의 입김이 강하다는 등의 단점을 갖고 있습니다. (어디까지나 작가 입장에서 보는 단점입니다.)

웹소설 한 [질]은 하나의 작품을 뜻합니다. 200[화]로 완결된 웹소설 한 질은 보통 8[권]인데, 대여점 시절에 25화를 1권의 책으로 냈던 데서 나온 말입니다. 지금도 e북은 1권, 즉 25화 단위로 판매되는 경우가 많습니다.

생각보다 많은 여성 독자분들이 남성향 웹소설도 읽고 계십니다. 장르에 따라 편차가 크지만 남성향 웹소설 독자의 10~20% 정도는 여성으로 볼 수 있습니다. 아이돌물, 육아물 등은 이 비율이 더 높습니다. 그러다 보니 여성 작가님들 중에서도 남성향을 쓰려고 하거나 쓰고 계신 분들이 많습니다. 실제로 유명 남성향 작가님들 중에는 여성 작가님들도 적지 않습니다.

저는 [드림판다]가 아닌 다른 필명으로 BL이나 로맨스를 출간한 적이 있습니다. 하지만 여러 면에서 한계를 많이 느꼈었습니다. 채집과 육아를 해왔던 '여자 뇌'와 사냥과 전쟁을 해온 '남자 뇌'는 많이 다르기 때문입니다. 남성향에 도전하시는 여성 작가님들도 이런 이유로 어려움을 겪는 분들이 많습니다. 그런 분들도 이 책을 읽으시면 약간의 도움이 되실 듯합니다. 독자가 웹소설을 읽는 동기나 도파민에 대해서도 이야기하기 때문입니다.

그밖에 여성향에 대한 구체적인 사항들, 예컨대 투고용 시놉시스 작성 방법 등은 여성향 작가님들이 쓴 웹소설 작법서나 유튜브 채널을 참조해 주세요.

목차

프롤로그 웹소설 작가의 빨간약 5

1장. 웹소설 작가 절대로 하지 마라

작가의 스트레스는 생각보다 심각하다......................25
전업은 어렵고 겸업은 힘들다 28
작가의 수입은 생각보다 적다 30
잔혹한 현실과 귀여운 통장 34
유료화도 어렵지만 유료화해도 문제다......................38
문/노는 전쟁터지만 카/시는 지옥이다 42
작가의 수명은 생각보다 짧다 47
작가의 안정성은 생각보다 낮다 51
웹소설 작가라서 좋은 점 54

2장. 그래도 웹소설 작가가 되고 싶다면

전업 VS 겸업 VS 취미 65
소재는 보편성과 차별성을 고려하라 69
내 주인공이 이렇게 대단하다! 72
주인공 캐릭터 정하기 75
시점 정하기 80
장르 정하기 82

목차

장르를 정할 때 진짜 중요한 것은? 88
주제는 일관성 있게 94
제목은 알기 쉽게, 알고 싶게, 흥미롭게 97
필명은 브랜드다 100
플랫폼 정하기 102
연재주기와 비축분 104
연재 분량에 대하여 108
빨리 쓸 수 있다고 믿어야 빨리 쓸 수 있다 111
기왕이면 표지 만들기 114
이제 연재를 시작하자 116
새로고침병과 내글구려병 119
독자들은 의심이 많고 다양하다 123
사랑해야 오래 할 수 있고 오래 해야 잘할 수 있다 ... 125
투베에 등반하기 시작하다 128
유료화할 것이냐 엎을 것이냐, 그것이 문제로다 ... 132
매니지는 누구이며 무엇을 하는가 137
계약 시의 주의사항 141
유료화를 해 봐야 작가다 145
신인 작가의 탄생 149
덧붙이는 말 151

3장. 웹소설을 더 잘 쓰고 싶다면

더 잘 쓰고 싶은 그대를 위해 156
웹소설이란 무엇인가? 158
인정받고 인정받고 또 인정받고 싶다 160
인정받고 싶은 남자와 사랑받고 싶은 여자 163
주인공의, 주인공에 의한, 주인공을 위한 166
웹소설이 어려운 이유 168
'예상할 수 있음'과 '예상할 수 없음' 171
궁금증보다 기대감을, 배경보다 주인공을 174
드리프트보다 원패턴이 낫다 178
작가가 알아야 할 세 가지 182
진부하지만 영원한 세 개의 왕도(王道) 192
안정적이고 효과적인 웹소설 쓰기의 4단계 201

에필로그 웹소설 시장에서 살아남기 222

부록. 뭘 쓸지 고민하는 당신에게

데뷔 확률을 200% 높여주는 필살기 232
웹소설 작가를 위한 초간단 인공지능 활용법 237

1장

웹소설 작가 절대로 하지 마라

이번 장에서는 웹소설 작가가 되었을 때의 수익이나 생활에 대해 간략히 말씀드리겠습니다.

잘나가는 작가, 잘 버는 작가, 유명 작가가 아니라 평범한 작가의 이야기를 통해 현실적인 작가 생활이 어떤 것인지 조명해보려 합니다. 월천킥을 밥 먹듯이 하는 작가의 이야기는 다른 책이나 유튜브에서 쉽게 보실 수 있으니까요.

[월천킥]은 한 달에 천만 원을 번다는 뜻입니다. 웹소설 작가로서의 성공을 판가름하는 기준처럼 이야기되곤 합니다. [월오백킥], [월억킥] 같은 말도 있습니다. "가끔 월천킥하는 작가는 드물지 않지만 장기간 월천킥하는 작가는 드물다."는 게 정설입니다.

작가의 스트레스는 생각보다 심각하다

흔히 "작가는 출근도 없지만 퇴근도 없다."라고 합니다. 진부한 말이지만 웹소설 작가의 고충을 잘 보여줍니다. 돈을 잘 버는 작가도, 못 버는 작가도 똑같이 겪는 일이기 때문입니다.

> 매일 우울감과 혼란 속에서 살아간다. 생활은 망가졌고 몸도 마음도 고달프다. 글을 쓰는 건 좋지만 과정이 너무 힘들다. 매일 한 편을 올리고 나면 온몸이 무너져 내린다. 뇌가 멈춘 듯 아무것도 못 하고 눕기 일쑤다.
>
> 아침에 눈을 뜨면 답답함이 밀려든다. 오늘 써야

할 글이 막막하다. 주변 친구들은 일하고 퇴근하며 삶을 즐기는 것 같다. 웹소설 작가로 데뷔하기 전의 내 삶도 그랬다. 하지만 지금의 나는 그럴 수 없다. 꿈속에서도 글을 쓰고 있다.

요즘은 이런 생각도 든다. "월천 작가보다 월 300 직장인이 더 행복하지 않을까?", "이걸 평생 할 수 있을까?" 솔직히 너무 힘들다.

이것은 어느 전업 작가님의 넋두리를 각색한 것입니다. 실제로 이런 고통을 호소하는 작가님이 아주 많습니다. 이 작가님은 글쓰기를 좋아하고 즐기는 분인데도 그렇습니다. 글을 쓰지 않을 때도 작품을 생각해야 하는 정신적인 스트레스, 창작으로 인한 에너지 고갈, 그걸 1년 내내 겪어야 하는 압박감에 서서히 무너져 내리는 것이지요.

이런 문제는 직장인처럼 출퇴근하는 것으로 어느 정도 해소할 수 있습니다. 사무실이나 스터디카페 등에 출근해서 글을 쓴 다음, 퇴근하고 나면 글에 대해 잊어버리는 겁니다. 다행히 저는 이런 종류의 스트레스는 별로 없는 편입니다. 원래 둔감한 편인 데다 어렸을 때부터 골방에서 혼자 노는 걸 좋아했기 때문입니다. 반면 제

동생은 밖에 나가서 뛰어놀기 좋아했는데, 만약 제 동생이 웹소설 작가가 되었다면 저 작가님과 비슷한 스트레스를 받았을 겁니다.

이처럼 웹소설을 잘 쓰는 것과 웹소설 작가 생활을 잘하는 건 다릅니다. 전자도 어렵지만 후자가 훨씬 더 어렵지요. 속된 말로 장사 하루 이틀 할 거 아니니까요. 무너지는 멘탈과 불안한 미래, 고통스러운 손목과 허리도 문제지만 무엇보다도 큰 문제는 불규칙하고 불충분한 수입입니다.

필수적인 지출보다 수입이 적다면 작가 생활을 계속할 수 없습니다. 멘탈이 무너져도 통장이 건재하면 어떻게든 쓸 수 있지만, 통장이 무너지면 멘탈이 아무리 좋아도 물리적으로 작가 생활이 불가능하니까요. 집에 쌀이 떨어졌는데 어떻게 글을 쓸 수가 있겠습니까?

그래서 많은 작가들이 겸업을 하고 있습니다. 낮에는 직장에서 일하고 퇴근 후에 쓰는 것입니다. 주말에 몰아서 쓰기도 하고요. 평일 낮에 직장에 있을 때도 틈날 때마다 웹소설 구상을 하는 분들도 많습니다. 출퇴근할 때도 휴대폰이나 노트에 메모를 하고요. 저도 애니메이션 제작사 임원으로 일할 때 이렇게 작업하곤 했습니다.

전업은 어렵고 겸업은 힘들다

그런데 실제로는 쉽지 않더군요. 사무직이거나 창조적인 업종일수록 오히려 겸업하기 힘들었습니다. 머리를 많이 써야 하니까요. 물론 정해진 시간 동안 몸을 쓰는 블루칼라 직군들은 머리 대신 몸이 피곤하겠죠? 게다가 뜻하지 않은 잔업이나 야근, 회식 등도 있고요.

그러다 보니 겸업 작가들은 휴재가 잦아질 수밖에 없습니다. 며칠이나 몇 주는 몰라도 몇 달 동안 매일 연재하는 건 결코 쉬운 일이 아니니까요. 뜻하지 않은 일, 예상 밖의 사고는 항상 제일 바쁠 때 터지는 법입니다. 그래서 미리 비축분을 쌓아놓고 시작하지만 오래가진 못합니다. 결국 연재 주기가 느려지거나 불규칙해지고 휴재가 발생하기 시작합니다. 여러분도 이런 작품을 한 번쯤은 보신 적이 있을 겁니다.

연재 주기는 1주일에 최소 5일 이상이 좋습니다. 6일이면 좋고 7일이면 더 좋습니다. 한 번 보기 시작한 본 웹소설은 관성적으로(습관적으로) 계속 보는 독자들이 많기 때문입니다.

예전에 재미있게 보던 게임 제작물이 그런 케이스였습니다. 게임회사 직원인 작가님의 현생과 컨디션 난조 등으로 연재 주기가 흔들리고 휴재가 잦아지더니, 끝내 연재가 중지되고 말았습니다. 작가님도 독자들도 안타까워했지만 현실은 냉정했습니다. 매주 5화 이하로 불규칙하게 연재되는 웹소설은 유료화에 극히 불리하니까요.

독자들은 작가의 사정을 모릅니다. 알아도 관심이 없고요. 휴재가 잦으면 불성실하다고 욕하며 하차하면 그만입니다. 억울해도 어쩔 수 없죠. 웹소설은 '매일 올라온다'는 게 중요한 세일즈 포인트니까요. 웹소 독자들은 여러 편을 보는 경우가 많고, 그렇지 않더라도 며칠 뒤에 최신화가 올라오면 앞 내용이 잘 생각나지 않는 경우가 많습니다.

작가의 수입은 생각보다 적다

<mark>웹소설 한 편을 쓰는 데</mark> 얼마나 걸릴까요? 작가마다 천차만별이지만 5~6시간 이상 걸리는 경우가 많습니다. 1~2시간밖에 안 걸린다는 사람도 있지만 구상하고 구성하는 시간은 빼고 순수하게 타이핑하는 시간을 말하는 경우가 많습니다. 대개의 경우 작품의 초반부는 빨리 써지지만 뒤로 갈수록 시간이 많이 걸리는 편입니다. (저는 오히려 뒤로 갈수록 쉬워지는 편입니다만.)

중요한 건 얼마나 빨리 쓰느냐가 아니라 얼마나 재미있게 쓰느냐, 얼마나 좋은 성적을 거두냐입니다. 특히 초보 단계에서는 남들이 빨리 쓴다는 말에 신경 쓸 필요 없습니다. 가끔 하루 두세 편씩 쓰는 작가는 많지만 꾸

준히 두세 편씩 쓰는 작가는 많지 않습니다.

어쨌든 웹소설 한 편을 쓰는 데 3시간 걸린다고 칩시다. 그러면 최저시급으로 따져도 약 3만 원의 기회비용이 드는 셈입니다. 상당수의 작가가 매일 연재하고 있으니 한 달에 90시간 일하는 셈이고, 최저임금 기준 90만 원을 벌어야 하는 셈입니다. 그런데 웹소설로 한 달에 90만 원 버는 게 쉬운 일일까요?

문피아의 어느 헌터물을 예로 들겠습니다. 2024년 하반기에 완결된 이 작품은 선호작이 5천 정도이고 각 화의 일(日)구매 수가 200 정도이며, 헌터물치곤 준수한 연독률을 보여줍니다.

[선호작]은 독자가 '이 작품이 재미있을 것 같으니 앞으로 봐야겠다.'라고 생각하고 '찜'해놓는 것을 뜻합니다. 줄여서 [선작]이라고도 하고 [관심작품](관작)이라고도 합니다. 독자가 선작을 취소하는 것을 [선작삭제](선삭)이라고 합니다.

[일구매수]는 한 화가 24시간 동안 몇 번 판매되었는

가입니다. 예를 들어 어제 업로드한 152화의 일구매수가 300이라는 말은, 24시간 동안 300명의 독자들이 152화를 봤다는 뜻입니다.

일구매수가 200이면 하루 2만 원의 매출을 올렸다는 뜻입니다만, 실제 매출은 일구매수의 1.5배에서 2배 이상 나오는 경우가 많습니다. 며칠에 한 번씩 플랫폼을 이용하는(웹소설을 읽는) 독자도 많기 때문입니다. 즉 많은 독자들이 최신화만 읽는 게 아니라 이전화들을 '몰아서' 보기 때문에 그만큼의 매출이 더 발생하는 것입니다.

여기서는 2배를 적용해서 매일 4만 원의 매출을 올렸다고 가정해 보죠. 그럼 한 달에 120만 원을 번 것일까요? 그렇지 않습니다. 플랫폼 수수료를 떼야 하기 때문입니다. 이 비율을 대략 30%로 잡겠습니다. (수수료는 플랫폼마다 다릅니다.) 4만 원에서 30%를 떼면 2만 8천 원이네요? 아직 끝이 아닙니다. 매니지 수수료도 떼야 하니까요.

매니지 수수료는 얼마일까요? 조건과 회사에 따라 다르지만 '6대 4'부터 '10대 0'까지 다양합니다. '6대 4'(작가가 6)인 경우는 사라지는 추세이며 '7대 3' 이상을 기본으로 보시면 됩니다.

[타플]은 타 플랫폼, 즉 처음에 연재를 시작한 플랫폼이 아닌 다른 플랫폼을 뜻합니다. 문피아나 시리즈, 카카오에서 공개된 작품도 다른 플랫폼에서 판매될 수 있습니다. 정액제 플랫폼인 노벨피아도 비독점을 선택할 경우 [타플]에 갈 수 있습니다. 참고로 문피아에서 무료연재하던 작품을 삭제하고 다른 플랫폼에서 런칭할 경우 [타플런](run)이라고 합니다. 말 그대로 다른 플랫폼으로 도망간다는 뜻입니다.

매니지 수수료를 20%라고 잡으면 2만 2천 4백 원이 남습니다. 이것이 내 통장에 꽂히는 실제 수입입니다. 여기에 30을 곱하면 67만 2천 원이고, 3.3% 원천징수를 공제하면 65만 원 정도 됩니다. 한 달 동안 내 작품이 120만 원의 매출을 발생시켰지만 내 손에 들어오는 건 절반 정도인 셈입니다. (실제로는 플랫폼 결제수수료가 있기 때문에 더 적어집니다.)

> **잔혹한
> 현실과
> 귀여운
> 통장**

<mark>시간이 지나면</mark> 문피아 외의 타플에서 수입이 들어옵니다. 문피아에서 연재를 시작해서 유료화했을 경우, 보통 100~120화에서 타플로 넘어가니까요. 주로 모(母)회사인 시리즈로 넘어가지만 원스토어나 리디북스 등으로 먼저 넘어갈 때도 있습니다. 이때 <u>프로모션</u>이 들어가는 경우가 많지만 일단 (거의) 없다고 가정하겠습니다. 실제로도 성적이 좋지 않아서 유의미한 프로모션 없이 타플에 가는 경우도 많고, 하위 프로모션의 효과는 신통치 않은 경우가 많으니까요. (단, 2차 플랫폼의 규모가 작을 경우 해당 플랫폼에서 좋은 프로모션을 제공하기도 합니다.)

[프로모션]은 플랫폼에서 작품을 홍보해주는 것을 뜻합니다. 프로모션의 종류는 자주 바뀌는 편이고 작가가 선택할 수 있는 게 아니므로 자세히 다루지 않겠습니다.

이렇게 시리즈, 원스토어, 리디, 기타 플랫폼 중 한 곳에서 150화 또는 완결 시점까지 연재된 후, 3차 플랫폼들에 풀리게 됩니다. 이것을 '(2차 플랫폼에) 묶인다'라고 표현합니다.

작품이 [묶인다]는 말은 특정 플랫폼이 프로모션 등을 조건으로 해당 작품의 타플 유통을 일정 기간 제한된다는 뜻입니다. 묶이는 기간은 당연히 짧을수록 좋습니다. 작은 플랫폼에서 발생하는 매출도 모으면 크고, 독자층이 잘 맞을 경우 의외로 많은 수입이 들어올 수도 있기 때문입니다.

이때는 한두 개의 플랫폼에 묶이지 않고 여러 곳에 풀립니다. 3차 플랫폼에서 얼마나 벌 수 있는지는 아무도 모릅니다. 생각지도 않은 플랫폼에서 잭팟이 터질 수도 있고 타플 수입을 전부 합쳐도 문피아보다 못할 수도 있으니까요. 만약 문피아와 같은 액수의 수입이 발생했다고 가정하면 여러분의 한 달 수입은 130만 원이 됩니다. (문피아 수입 65만 원+타플 수입 65만 원)

결국 연재를 개시한 날부터 약 2개월 동안은 수입이 0원이고, 3개월 뒤부터 매월 65만 원씩 벌리다가 그로부터 두세 달 정도 뒤부터는 2차 플랫폼에서 수입이 들어오고, 다시 두어 달 뒤부터는 3차 플랫폼에서도 수입이 들어오는 것입니다.

연재 기간	연재 회차(누적)	1차 플랫폼 수익	2차 플랫폼 수익	3차 플랫폼 수익	수익 소계
1개월	30회				0
2개월	60회				0
3개월	90회	65만			65만
4개월	120회	65만	65만		130만
5개월	150회	65만	65만	65만	195만
6개월	180회	65만	65만	65만	195만
7개월	210회	65만	65만	65만	195만
비고	완결	325만	260만	195만	780만

결국 7개월 동안 780만 원을 벌었습니다. 한 달에 110만 원 정도 번 셈이네요. 기성작가나 매니지, 플랫폼 관

계자가 위 표를 보면 말도 안 된다고 생각하실지도 모르겠네요. 맞습니다. 위 표는 너무 단순화되어 있고 현실과도 괴리가 큽니다. 가장 큰 문제는 뒤로 갈수록 수입이 줄어드는 현실이 반영되어 있지 않다는 겁니다. 이게 무슨 말이냐고요?

1차 플랫폼(문피아)에서 유료화한 첫 달에 65만 원을 벌었다면 7개월 째는 30만 원을 벌기도 힘듭니다. 뒤로 갈수록 연독률이 떨어지기 때문입니다. 안 그런 괴물들도 있지만 보통은 다 떨어집니다. 연독률이 떨어지면 수입이 줄어드는 게 당연합니다. 뒤로 갈수록 편수(화수)도 늘어나고, 단행본(e북) 매출도 생기니까 어느 정도는 상쇄가 되지만요.

다시 말씀드리지만 위 표는 현실과 거리가 있습니다. 그냥 참고만 해주세요. 제가 말씀드리고 싶은 요점은 "많은 웹소설 작가들의 통장이 저렇게 귀엽다."니까요. 사실 저 정도 성적이면 작가가 '현타'를 느끼고 150화 정도에서 조기 완결하는 경우도 많습니다. 그러면 5개월(150일) 동안 한 달에 수십만 원밖에 못 버는 셈입니다. 매일 최소 세 시간씩 일하고도요. 이래도 웹소설이 직장인이나 자영업자의 부업에 좋다고 생각하시나요?

유료화도 어렵지만 유료화해도 문제다

제가 너무 안 좋은 케이스를 들고 온 거 아니냐고요? 다들 잘 버는데 너만 못 버는 거 아니냐고요? 네가 못 버니까 억까하는 거 아니냐고? 경쟁 작가의 수를 하나라도 줄이기 위해서??

그렇지 않습니다. 나중에 다시 말씀드리겠지만 좋은 작가들이 많이 들어와서 웹소설 시장이 계속 커져야 합니다. 안 그러면 '웹소설판 아타리 쇼크' 같은 게 생겨서 한순간에 시장이 무너질 수도 있으니까요. 웹소설의 경쟁자는 웹툰, 영화, 게임이지, 같은 웹소설이 아닙니다. 만약 그렇게 생각하고 '뱀심'을 가진 분이 있다면 지금 당장 생각을 바꾸세요. 한심할 정도로 근시안적인 생각이니까요.

[뱀심]은 웹소설 커뮤니티에서 종종 쓰는 말입니다. 주로 잘나가는 작품이나 작가를 시기 질투하는 못난 마음을 뜻합니다.

문피아 기준으로 일구매수 200을 유지하는 건 쉬울 수도 있고 어려울 수도 있습니다. 유명 작가라면 지금 당장 연재를 중단해야 할 정도로 '폭망'한 거지만, 신인 작가나 하꼬 작가에게는 그 정도도 감지덕지일 테니까요. 분명한 건 지금 이 순간에도 수많은 작가들이 이 정도 수익을 얻고 있다는 점입니다. 문피아에서 유료연재 중인 작품 중에는 일구매수가 100도 안 되는 작품들이 허다합니다. 이 작품들이 유료화 '각'도 안 나오는데 억지로 유료화해서 그런 걸까요?

그런 경우도 있겠지만 많지 않습니다. 대부분이 무료 마지막 회차의 조회수가 수천 이상이었습니다. 무료 마지막 회차의 조회수, 즉 60화 정도의 조회수가 3천이 넘는데 100화가 되기도 전에 유료 구매수가 100 이하로 떨어지는 경우도 드물지 않습니다. 무료일 때는 그냥 보던 독자들도 유료 결제에는 까다로워지니까요. 즉 '무료 투베를 씹어먹던' 작품도 연독률이 안 좋으면 얼마든지 도달할 수 있는 수치인 것입니다. 유료화 시점에 선작이 1천 이상이 되지 못하면 '나 혼자서 유료화'조차 할 수 없습니다.

[나 혼자서 유료화]는 30화 이상 연재하고 선작이 1천 이상일 경우 문피아에 신청해서 유료화하는 제도를 뜻합니다.

사실 1천 정도의 선작으로 유료화할 경우 유료화 첫날의 일구매수가 300을 넘기 어렵습니다. (작품마다 천차만별이지만요) 이 경우는 1질 이상의 유료연재 경험을 쌓아서 다음 작품을 '작가연재'로 시작하기 위한 경우가 많습니다. 작품에 애정이 있어서 끝까지 쓰고 싶거나, 완결 자체에 의미를 두는 경우도 있고요.

선작 1천은 문피아 무료 투베 70위에서 90위 사이입니다. (시기나 작품에 따라 편차가 크니 참고만 해 주세요.) 문피아에 올라오는 무료 작품이 하루에 1천 편이라고 가정하면 적어도 상위 10% 안에는 들어야 한다는 뜻입니다.

(방금 세어보니 작가연재 250편, 일반연재 500편, 자유연재 250편 정도 되는 것 같습니다. 물론 시기에 따라 편차가 많습니다.)

매일 올라오는 1천 편 중에서 70~90등 정도는 해야 선작 1천으로 유료화가 가능한데, 그렇게 유료화했다간 앞에서 보여드린 표만큼도 못 번다! 이게 현실입니다. 여러분이 지금 바로 연재를 시작해서 천 명 중에 90등 안에 들 수 있나요? 90명이 아니라 910명 안에 들 확률이 훨씬 높지 않을까요? 이래도 웹소설이 부업으로 하기 좋다고 생각하시나요?

문/노는 전쟁터지만 카/시는 지옥이다

지금까지 너무 문피아 이야기만 한 것 같습니다. 시리즈나 카카오페이지 이야기는 왜 안 하냐고 하실지도 모르겠네요. 이유는 간단합니다. 시리즈나 카카오페이지엔 직접 연재가 불가능하기 때문입니다. 물론 네이버 웹소설이나 카카오 스테이지 같은 등용문이 없진 않지만, 처음에는 그냥 문피아나 노벨피아에 연재하세요. 네이버나 카카오에 데뷔시켜 주겠다는 개인이나 작가, 매니지나 에이전시들도 있습니다. 솔깃하시겠지만 다시 말씀드리겠습니다.

"그냥 문피아나 노벨피아에서 연재하세요."

문피아와 노벨피아 뒷광고를 하는 게 아닙니다. 충분

히 많은 수의 독자와 직접 소통할 수 있는 플랫폼이기 때문에 말씀드리는 겁니다.

문피아와 노벨피아 중에서 어느 플랫폼을 선택할지는 직접 알아보세요. 두 사이트의 메인 페이지나 랭킹을 직접 훑어보시면 됩니다. 연재를 시작하기 전에 해당 플랫폼의 작품을 최대한 많이 읽어둬야 합니다. 그래야 독자들이 원하는 걸 알 수 있으니까요.

에이전시나 매니지를 통해 시리즈나 카카오페이지에 들어가는 게 빠르고 안정적일 수도 있습니다. 노벨피아는 정액제인데다 취향이 안 맞을 수도 있고, 문피아는 자유연재에서 시작하는 승급 시스템이 불편할 수 있으니까요. 매니지/에이전시와 함께 시리즈/카카페에 런칭해서 성공할 가능성도 분명히 존재하고요.

다만 시리즈나 카카페는 런칭하기 위한 준비 자체가 쉽지 않습니다. 일단 매니지와 함께 원고와 기획서를 준비해서 심사를 통과해야 합니다. 심사 통과 자체는 어렵지 않은 편이지만 갈수록 까다로워지는 추세입니다. 심사 통과 후엔 몇 달 동안 100화 정도를 '벽 보고 쌓은' 뒤에 한꺼번에 풀립니다. 시리즈의 경우 보통 '무연시(무료연재시리즈Only)'에서 무료연재 후 유료로 런칭되고요. (시리즈와 카카페의 시스템이나 정책은 종종 바뀝니다.)

연재도 하지 않으면서 100화 넘게 비축하는 것은 웬만한 기성 작가에게도 부담스러운 일입니다. 또한 시리즈나 카카오는 천장도 높지만 바닥도 낮습니다. 독자가 많기 때문에 잘 되면 문피아보다 낫지만 문피아보다 못할 가능성도 크다는 뜻입니다.

또한 문피아나 노벨피아 같은 연재형 플랫폼들은 작품이 독자들의 레이더망에 걸릴 기회가 더 많습니다. 그래서 뜰글뜰, 즉 '뜰 글은 뜬다'는 말도 통용됩니다. 시리즈와 카카페도 나름의 노력을 하지만 태생적인 한계가 존재합니다. 시리즈와 카카페가 문피아보다 못하다는 게 아니라(오히려 더 크고 좋은 플랫폼이죠), 프로모션이 없으면 노출이 어렵다는 뜻입니다.

시리즈나 카카페에 들어가는 건 데뷔한 뒤에도 늦지 않습니다. 유료완결 경험이 쌓인 뒤, 아이돌물처럼 문피아 독자층과 맞지 않는 장르를 쓰고 싶을 때, 이번 신작은 카카오페이지가 좋아할 만한 작품이다 싶을 때는 얼마든지 도전해보셔도 좋습니다. (카카오페이지는 여성 독자나 젊은 독자들의 비율이 높은 편입니다.) 문피아에 연재할 때 유입은 적지만 연독이 양호한 경우, 초반에 잘 나가다가 실수해서 삐끗한 경우도 시리즈나 카카페로 '타플런' 할 수 있습니다. 전자는 프로모션으로 유입을 펌핑할 수 있고 후자는 비축을 쌓으면서 수정할 수 있으니까요. 그러면 시리즈 정연(정식연재)이나 카카페 오리(오리지널) 등에 선정되어 좋은 플모(프로모션)를 받아서 문피아보다 좋은 성적을 거둘 수도 있습니다.

단, 타플런은 심사숙고해야 합니다. 투베 등반을 순조롭게 하고 있거나 지표가 대체로 괜찮다면 문피아에서 유료화하는 게 낫습니다. 문피아에서 문제 삼지 않더라도 잘 보다가 '연중당한' 독자분들이 타플에서 해당 작품을 발견하고 분노하시는 경우도 있고요.

따라서 계약 제안 시에 함부로 타플런을 권하거나, 작품의 문제점을 지적하며 '리메이크 해서 타플런 하자'고 하거나, 심지어 새 작품을 쓰자고 유혹(?)하는 매니지는 거르시는 게 좋습니다. 성적이 좋지 않은 작품을 리메이크해서 성공할 확률은 매우 낮습니다. 기존 작품을 폐기하고 새 작품을 쓰자는 건 상식적으로도 앞뒤가 안 맞고요.

문피아에서 유료화하기 애매한 성적인데 타플에서 터질지도 모른다는 희망을 품고 타플런하는 경우가 종종 있습니다. 하지만 고(故) 미우라 켄타로 선생께서 갈파하셨듯이 도망쳐서 도착한 곳에 낙원은 없는 법입니다. 인생의 좋은 경험 했다 치고 새 작품을 시작하세요.

> **작가의
> 수명은
> 생각보다
> 짧다**

<mark>매번 성공하는</mark> 작가는 드뭅니다. 작품을 몇 번이나 엎는 바람에 몇 달 동안 유료화하지 못하는 건 너무 흔해서 이야깃거리도 안 됩니다. 이게 길어져서 1년을 넘기거나 자신감을 잃어버리는 경우도 적지 않고요. 작가 커뮤니티에는 종종 "나도 웹소설 그만두려고 했는데 마지막으로 써본 게 그나마 잘돼서 계속하고 있다."는 글이 올라오곤 합니다. 참으로 다행스러운 일이지만 마지막까지 안 터져서 관둔 사람은 훨씬 더 많다는 말도 됩니다.

그런가 하면 "나는 3년 동안 유료화 못했는데 접는 게 맞을까?" 같은 질문도 심심찮게 볼 수 있습니다. 망생이

나 초보 작가들만 그런 것도 아닙니다. 경험 많은 작가들조차 헤매다가 "절필 마렵다!"라고 비명을 지르곤 합니다.

단, 기성 작가의 경우는 유료화 자체를 못하는 경우도 있지만 작가 자신이 설정한 기준, 예를 들어 '30화에 선작 3천 달성'이나 '최신화 조회수 1만'을 달성하지 못해서 중지하는 경우도 많습니다. 일구매수 몇백 정도로 유료화하려면 충분히 할 수 있지만, 기회비용을 생각해서 중단하는 거죠. 이처럼 기성 작가들은 최소한 어떻게 해야 유료화가 가능한지는 대부분 알고 있습니다. 저도 간신히 그런 레벨의 끄트머리에는 올라간 것 같습니다. 이 책을 읽고 계신 여러분도 우선은 그런 실력을 목표로 하시기 바랍니다. 막연히 대박을 노리지 마시고 계단식으로 실력을 늘려 가시라는 말입니다. 이 책에도 그러한 '나 혼자만 레벨업' 방법들이 있으니 잘 음미하시면 조금이나마 도움이 되실 겁니다.

앞에서도 말씀드렸지만 대부분의 웹소설은 유료화 첫날에 유료 독자가 가장 많습니다. 무료연재 기간은 독자를 모으는 기간이고, 유료로 전환된 순간부터 그 독자들을 어떻게든 오랫동안 끌고 가야 합니다. 물론 유료연재 기간에도 신규 독자들이 유입되긴 합니다. 그러나 거의 모든 작품이 완결 때까지 독자의 수가 줄어듭니다.

웹소설에서 [유입]이란 1화의 뷰(view) 수를 말합니다. 즉 몇 명의 독자가 1화를 보았는지를 [유입]이라는 용어로 표현하는 것입니다. 유명 작가, 메이저 장르, 트랜디한 소재일수록 유입이 많으며 제목도 중요한 역할을 합니다. 연독이나 선호작, 추천수도 중요한 지표지만 유입이 없으면 아무 소용 없겠죠? 심지어 연독보다 유입을 더 중요시하는 작가들도 있습니다.

물론 플랫폼의 추가 프로모션도 있고 완결 후 단행본(e북) 매출도 발생합니다. 가끔 '역주행'이라고 해서 유료화 이후에 지표가 상승하는 경우도 있지만 드문 일입니다.

런칭 첫 달에 오백만 원을 벌었는데 그다음 달은 삼백만 원, 다다음 달은 이백만 원으로 떨어지는 일이 결코 드물지 않습니다. 아니, 정도의 차이는 있지만 반드시 그렇게 된다고 봐야 합니다. 유료 웹소설을 '따라오는' 독자님들은 조금이라도 재미없으면 미련 없이 떠나 버리니까요. 그래서 레전드 작가들조차 유료 연독을 지키기 위해 '눈물의 똥꼬쑈'를 하고 있습니다.

"저는 하차합니다. 작가님은 상하차나 하세요."라고 말하며 떠나는 독자를 붙잡는 건 정말로 어려운 일입니다. 그래서 글을 쓰는 것보다 더 큰 스트레스를 받습니다. 그걸 1년 365일 동안 잠자는 시간만 빼고 계속해야 합니다. 작가에겐 퇴근이 없으니까요.

작가의 안정성은 생각보다 낮다

예전에 어느 프리랜서가 이렇게 말했습니다. "프리랜서는 월급쟁이의 세 배를 벌어야 비슷하게 버는 것이다. 왜냐하면 회사가 제공하는 복지나 퇴직금 등이 전무하기 때문이다."

그런데도 상당수의 웹소설 작가들은 평균적인 급여 생활자보다 오히려 수입이 적습니다. 그 이유는 앞에서 어느 정도 설명해 드렸습니다. 수입이 불안정하다는 것도 문제입니다. 7월에는 천만 원 벌고 8월에는 백만 원밖에 못 벌 수도 있습니다. 작년에는 1억 벌었는데 올해는 천만 원 벌 수도 있습니다. 과장이 아니라 실제로 자주 벌어지는 일입니다.

의외로 건강을 잃기도 쉽습니다. 대부분의 작가들이 하루종일 앉아서 일하기 때문입니다. 앉아서 일하는 게 건강에 나쁘다는 건 상식입니다. 어떻게든 운동을 해야겠다고 생각하지만 마감에 쫓기거나 정신적인 여유가 없어서 생각보다 잘 되지 않습니다.

이와 같이 웹소설 작가는 생각보다 돈이 안 되고, 직업적 안정성은 최악이며, 연차가 쌓여도 수입이 늘어난다는 보장은커녕 감(感)이 떨어져서 도태될 위험성만 커집니다. 그래서 신인 작가들이나 지망생들이 부러워할 정도의 커리어를 가진 베테랑 작가들도 절필하고 떠나는 경우가 많습니다. 글을 쓰는 건 좋지만 직업으로서는 꽝이기 때문입니다.

아시다시피 일(work)과 직업(job)은 다릅니다. 이 바닥에서 떠나는 작가님들은 공통적으로 이렇게 말합니다. "웹소설 쓰는 건 너무 좋은데 웹소설 작가로 사는 건 너무 힘들다."라고요. 돈 잘 버는 작가들도 언제까지 웹소 작가로 살 수 있을지 생각해보면 눈앞이 캄캄하다고 고백하곤 합니다. 사실 이건 웹소설만의 문제는 아닙니다. 무라카미 하루키조차 "소설 한 두 편을 써내는 건 그

다지 어렵지 않습니다. 그러나 소설을 오래, 지속적으로 써내는 것, 소설로 먹고사는 것, 소설가로서 살아남는 것, 이건 지극히 어려운 일입니다."라고 말한 적이 있습니다.

이 사실을 깨달은 신인 작가들은 '현타'를 넘어 '멘붕'에 빠집니다. 인기 작가가 되면 큰돈을 만질 줄 알았는데 롤모델이자 부러움의 대상인 기성 작가들조차 '로그아웃' 해 버리니까요.

저도 직장생활이나 유튜브 등으로 몇 번이나 외도(?)를 했습니다. 웹소설만으론 답이 없다는 걸 알아버렸으니까요. 실제로 저는 웹소설 연재를 하는 동안에도 대필(고스트 라이팅)과 애니메이션 시나리오 작업을 꾸준히 병행해 왔습니다. 안 그랬으면 굶어 죽었을 겁니다.

현실이 이런데도 웹소설 작가가 되시겠다고요?

웹소설 작가라서 좋은 점

지금까지 너무 부정적인 이야기만 한 것 같습니다. 시중에 워낙 장밋빛 이야기가 넘쳐나서 일부러 냉정하게 말씀드린 감이 있습니다. 그래도 이 책의 내용이 '머릿속이 꽃밭인' 주장들보다 현실에 가깝다고 확실히 말씀드릴 수 있습니다. 이쯤되면 "그럼 너는 왜 웹소 작가를 하고 있어?"라고 하실 것 같습니다. 그 대답은 "배운 게 도둑질이라서…"가 아니라 "웹소설이 좋고 글쓰는 게 좋아서"입니다. 저는 웹소설을 좋아하지만, 웹소설은 저를 안 좋아해서 문제지만요.

그렇습니다. 웹소설은 진심으로 좋아하는 사람이 써야 합니다. 돈을 보고 들어오면 오래 버티기 힘듭니다.

노력에 비해 돈이 안 되고 직업으로서도 단점이 너무 많으니까요. 그럼에도 불구하고 웹소설을 진심으로 사랑하는 당신! 그런 당신에게 희소식이 있습니다. 웹소설 작가가 되는 것에도 좋은 점이 있다는 점입니다.

첫째, 언제 어디서나 할 수 있고 실패로 인한 부담이나 데미지가 적습니다.

노트북 한 대, 스마트폰 한 대만 있으면 언제 어디서나 쓸 수 있습니다. '스크리브너' 같은 전용 프로그램을 추천드리지만 무료 워드 프로그램으로도 충분합니다. 영화도, 애니메이션도, 유튜브도, 웹툰도 이렇게 쉽게 시작할 순 없습니다.

이렇게 낮은 진입장벽이 꼭 좋은 것만은 아닙니다. 나한테만 낮은 게 아니니까요. 하지만 가볍게 시작할 수 있고, 실패해도 타격이 적다는 것은 분명한 장점입니다. 아무리 철저하게 실패해도 시간 외엔 잃을 게 없으니까요.

둘째, 인간관계로 인한 스트레스가 적습니다.

물론 매니지 소속 담당 PD님과 소통해야 하고 악플도

많이 달립니다. 그래도 얼굴 보며 부대끼는 것과는 다릅니다. PD님과는 카톡이나 전화로 소통하면 되고 악플은 안 보면 되니까요. 저도 소위 말하는 내향형 인간이라 만족하는 편입니다. 예전에 직장생활할 때나 작은 법인기업을 운영할 땐 사람 때문에 스트레스를 정말 많이 받았거든요. 무조건 잘해줘도 안 되고 멀리해도 안 되고, 비위를 맞춰줄 땐 맞춰주더라도 필요할 땐 세게 나가야 하고, 이런 게 참 안 되더라고요.

물론 사람 만나는 걸 좋아하시는 분, 외로움을 싫어하시는 분, 집안에 틀어박히는 걸 싫어하는 분들에겐 단점입니다. 왜냐하면 정말로 외롭기 때문입니다. 이건 웹소설만의 특징이 아니라 화가나 작곡가, 소설가처럼 혼자서 1차 콘텐츠를 창작하는 직업들의 공통점입니다. 그러다 보니 작가 모임이나 단톡방 같은 곳에서 소통하거나 사무실, 공유 오피스 등에 모여서 글을 쓰기도 합니다. 그러나 초보 때는 권하지 않습니다. 별별 사람이 다 있기 때문이고, 고독에 침잠할 줄 모르면 좋은 글이 안 나오기 때문입니다.

하꼬 작가 주제에 너무 잘난척하는 거 아니냐고요? 맞는 말씀입니다. 하지만 저는 다른 분야에서 20년 이상 글을 써왔습니다. 제가 직간접적으로 참여한 프로젝트를 책으로 환산하면 200권이 넘습니다. 그래서 감히 말씀드릴 수 있습니다. 시나리오나 대필작업처럼 여러 사람과 끊임없이 소통해가며 해야 하는 글쓰기조차 근본적으로는 고독한 작업이라는 것을요. 그리고 그 고독을 사랑해야 한다는 것도.

우리가 써야 하는 것과 쓰고 싶은 것은 사람과 사람 사이에 있지 않습니다. 오롯이 우리 안에 있습니다. 나중에 다시 말씀드리겠지만 자기 자신을 아는 것이 웹소설의 트렌드를 아는 것보다 훨씬 중요합니다. 내 장점과 단점, 인생, 과거, 지식, 잠재의식 등의 모든 것이 내 작품의 재미와 성적을 좌우하니까요. 내 글이 재미있는 이유도, 재미없는 이유도 전부 내 안에 있습니다.

그래서 글쓰기 수업이나 대면 강의보다는 차라리 작법서(이론서)를 읽으며 스스로 생각하시는 게 낫다고 생각합니다. 물론 이것조차 사람마다 다를 수 있습니다. 학원식 강의나 사제관계가 맞는 분도 계시겠지요. 중요한 것은 스스로 고민하고 연구하는 것입니다. 이를 위해서는 우선 나 자신을 제대로 알고 끝까지 믿어야 합니다.

셋째, 실낱 같은 대박 가능성이 있습니다.

대박과 중박, 소박의 기준은 천차만별입니다. 여기서는 편의상 1만 전환을 대박, 5천을 중박, 3천으로 소박이라고 치겠습니다. (문피아 기준입니다.) 1만 전환 정도가 무슨 대박이냐고요? 1만 전환은 1년에 보통 다섯 개 정도이고 많아도 열 개를 넘지 않습니다.

[전환]은 문피아에서 유료화한 첫날의 구매수를 뜻합니다. 1만 전환이라는 말은 유료화 첫날 24시간 동안 1만 명이 결제했다는 뜻입니다. 즉 백만 원의 매출이 발생한 셈인데, 실제 매출은 이것보다 훨씬 더 많습니다. 독자들은 최신화만 보는 게 아니니까요. 그리고 60화에서 유료화되는 순간 25화부터 60화까지가 무료에서 유료로 전환되는데, 이 매출이 추가로 발생하게 됩니다.

1만 전환 작품은 전독시를 비롯한 명작들이 쏟아졌던 2018년에 유일하게 열 개를 넘었습니다. 가장 전환이 높은 작품은 〈악당은 살고 싶다〉의 2만 2천 전환이었고 〈재벌집 막내아들〉의 1만 8천 전환이 2위였는데요, 이런 경우들은 대박이 아니라 초대박이라고 불러야 하지 않을까요? SSS급 위에 EX급이 있는 것처럼요.

이번에는 중박인 5천 전환을 살펴봅시다. 문피아에서 5천 전환 후 한 달(31일) 후에 일구매수가 3천 5백이 되었다고 칩시다. 그러면 30일 동안의 총구매 수는 약 13만이고 매출은 1,300만 원입니다. 독자들은 최신화만 보지 않으므로 2를 곱해서 약 2,600만 원의 매출이 발생했다 치고, 이중 50%가 작가 몫이라고 대충 계산하면 1,300만 원이 그 달의 수입입니다. (작바작이 심하고 추정한 것이니 참고만 해 주세요.) 2~3개월 후에 타플 수입도 그 정도 들어왔다고 치면 2,600만 원이 됩니다.

한 달에 2,600만 원이라니! 많은 분들이 이런 걸 꿈꾸며 웹소설에 뛰어들지만 몇 달만 해보면 알게 됩니다. 5천은커녕 5백 전환도 쉽지 않다는 것을요.

말이 나온 김에 5백 전환을 살펴볼까요? 5백 전환이란 유료화 첫날 최신화의 24시간 구매수가 5백이었다는 말입니다. (만약 연참을 했다면 그중 첫 번째 화) 단순 계산으로 5천 전환의 10분의 1이니 130만 원이라고 할 수 있습니다.

5백 전환 작품들도 치열한 경쟁을 뚫고 올라온 승자들입니다. 약 두 달 동안 투베를 열심히 등반해서 최소한 투베 2페이지, 즉 40위 안에 들어가서 일시적으로라도 모바일 메인에 노출되었을 테니까요. 5백은커녕 3백 이하 전환도 많고 유료화조차 못한 경우는 수십 수백 배는 됩니다. 이렇게 험난한 경쟁을 뚫었는데도 월수입이 150만 원 남짓한 것입니다. (다시 말씀드리지만 액수는 참고용 추정치입니다.)

웹소설 작가라서 좋은 점을 쓴다고 해놓고 반대로 쓴 것 같네요. 하지만 웹소설의 수입에 대해서는 좋게 말하기가 더 어려운 게 사실입니다. "웹소설 잘 쓰면 수백억을 벌 수 있다."는 말은 "오징어게임에 참가해서 1등이 되면 456억을 벌 수 있어!"라는 거랑 다를 게 없으니까요.

넷째, 시간 활용이 자유로운 편입니다.

주말이나 저녁에는 모든 것이 비싸고 붐빕니다. 그래서 평일 낮에 볼일을 보거나 여행을 가곤 합니다. 출퇴근이 없으니 내가 원하는 시간, 원하는 때에 원하는 방식으로 일할 수 있습니다. 다만 일탈이 일상이 되면 안 됩니다. 생활이 불규칙하면 컨디션과 건강도 나빠지고 작업 효율에도 문제가 생기니까요. 나중에 말씀드리겠지만 인간의 몸과 뇌는 패턴을 좋아합니다. 정해진 대로 행동하면 선택할 필요가 없고 에너지 소모도 줄어드니까요.

롱런하는 기성 작가들은 자신만의 생활패턴을 갖고 있습니다. 새벽형 인간이든 저녁형 인간이든 상관없습니다. 정해진 시간에 일어나서 정해진 방식으로 집필하고 나머지 일상을 살아가는 것입니다. 이것을 '루틴(routine)'이라고 합니다. 루틴이 무너지면 글도 무너집니다. 따라서 자신만의 루틴에 따라 규칙적으로 생활해야 합니다.

자유로운 시간 활용의 또 다른 문제는 빈둥거리는 반백수 취급을 당할 수 있다는 점입니다. 가장 흔한 경우는 가족의 운전기사나 심부름꾼으로 이용당하는 것입니다. 이 문제는 가족들을 설득하거나 외부에서 작업하는 방법으로 극복해야 합니다.

다섯째, 좋아하는 일을 하며 살 수 있습니다.

여러분이 글쓰기와 독서를 좋아한다면 이보다 좋은 직업은 없을 겁니다. 작업의 내용과 스케줄, 방식 등을 거의 전부 결정할 수 있다는 것도 큰 메리트입니다. 애니메이션 시나리오나 출판 관련 작업들은 회사의 스케줄이나 결정권자의 생각에 맞춰야 하는 경우가 많습니다. 이것은 생각보다 큰 스트레스입니다. 의견이나 취향이 맞지 않으면 더더욱 괴롭지요. 영화나 드라마, 애니메이션 업계에서는 감독, PD, 작가가 소리를 지르며 싸우는 일이 드물지 않습니다. 더 좋은 작품을 만들기 위한 과정이지만 시간과 감정의 소모가 큰 것이 사실입니다.

하지만 웹소설은 오롯이 내 판단과 책임으로 진행됩니다. 물론 독자들의 반응과 매니지, 플랫폼 등의 의견을 무시할 순 없습니다. 신인일수록 더 그렇죠. 하지만 내가 강하게 원한다면 웬만하면 알아서 하게 해줍니다. 그렇지 않고 작가의 의지를 가볍게 여기는 매니지와는 일하지 않는 게 좋겠죠? 물론 고집의 책임은 스스로 져야겠지만요. (어차피 매니지나 PD의 의견대로 해도 책임은 작가에게 있습니다.)

많은 작가님들이 "웹소설에 필요한 최고의 재능은 우직하고 성실하게 계속 쓰는 것이다."라고 말합니다. 아무리 서툴고 재능이 없어도 꾸준히 발전하다 보면 반드시 좋은 결과가 있을 테니까요. 하지만 글쓰기를 즐기고 웹소설을 좋아해야 그렇게 할 수 있습니다. 좋아하지도 않는데 돈을 보고 웹소설을 쓰는 건 가성비가 너무 떨어지는 선택입니다.

2장

그래도 웹소설 작가가 되고 싶다면

프롤로그와 1장에서 그렇게 뜯어말렸는데도 이 책을 계속 읽고 계신 당신! 기어코 웹소설 연재를 해보겠다는 당신! "내가 웹소설 작가가 될 상인가?"를 직접 알아보겠다는 당신! 그런 당신을 위해 준비했습니다. 웹소설 연재 준비 과정과 작가 데뷔 과정! 웹소설 작가로서 첫 작품을 올리는 과정을 간접 경험하실 수 있게 해드리고, 바람직한 방향으로 준비하실 수 있게 돕겠다는 뜻입니다. 어차피 할 거면 조금이라도 현명하게, 효율적으로 하는 게 좋잖아요?

단순히 연재 과정을 나열하진 않았습니다. 작품을 플랫폼에 등록하는 절차나 방법은 인터넷커뮤니티나 웹소설 작법서에서 쉽게 찾아보실 수 있으니까요. 애초에 연재 자체가 어렵지 않습니다. 작품 등록 페이지에 적혀 있는 대로 하면 됩니다. 실수하면 수정하거나 다시 업로드하면 되고요.

지금부터 첫 번째 작품을 연재한다는 생각으로 읽어주세요. 이미 연재를 해본 분들은 새로운 관점과 시각에서 되짚어 보시고요. 이번 장을 다 읽으시면 한 명의 작가가 어떻게 탄생하는지, 작품 연재를 준비하는 게 어떤 것인지 좀 더 잘 알게 될 겁니다.

전업 VS 겸업 VS 취미

<mark>맨 처음 할 것은</mark> 부업(겸업)으로 할지, 전업으로 할지, 취미로 할지 정하는 겁니다. 금전적인 대비를 하시라는 뜻입니다. 이 부분에 대한 생각 없이 시작했다가 낭패를 보는 경우가 많습니다. 수입이 없는 기간이 얼마든지 늘어날 수 있기 때문입니다. 몇 달은 기본이고 최악의 경우 몇 년 동안 수입이 없을 수도 있다고 생각해야 합니다. 베테랑 작가들조차 원치 않는 공백기가 생기는 경우가 많은데, 초보 작가나 지망생들은 오죽하겠습니까? 무턱대고 연재를 시작했다가 '작품을 엎는' 일이 반복되다 보면 본의 아니게 알바를 시작하거나 취업을 해야 할 수도 있습니다. 이러면 시간도 부족해지고 새 일터에 적

응하는 과정에서 글이 흔들리거나 무너질 가능성이 높아집니다. 본인의 의지로 만든 변화가 아니라 돈이 없어서 어쩔 수 없이 생긴 변화니까요.

게다가 일을 해서 돈을 벌게 되면 웹소설의 우선순위가 뒤로 밀리게 됩니다. 웹소설이 돈이 된다는 말만 듣고 시작한 경우는 특히 더 그렇습니다. 이런 분들은 웹소설에서 점점 멀어지다가 결국 포기하는 경우가 많습니다. 현업에 전념하거나 다른 부업을 하는 게 더 나으니까요.

물론 겸업 자체는 문제가 아닙니다. 어쩔 수 없이 겸업을 하든 계획적으로 겸업을 하든 상관 없습니다. 중요한 건 웹소설을 쓰려는 의지니까요. 겸업을 하다가 전업으로 전환한 후에 오히려 글 생산량이 줄었다는 이야기도 심심찮게 듣곤 합니다. "겸업 때 하루 한 편씩 썼으니 전업하면 하루 두 편, 아니 세 편씩 쓸 수 있을 거야!"라고 생각하지만 실제로는 한 편도 겨우 쓰는 거지요. 마음이 풀어져서 그런 것도 있지만 인간의 뇌가 원래 게을러서 그런 것이기도 합니다. 뇌는 어떻게든 에너지를 적게 쓰고 일을 안 하려고 하니까요.

그런데 전업도 겸업도 아닌 제3의 길이 있습니다. 바

로 취미로 웹소설을 쓰는 것입니다. 사실 취미에 대해서는 별로 할 말이 없습니다. 작가가 쓰고 싶을 때, 쓰고 싶은 방식대로, 쓰고 싶은 내용을 쓰면 되니까요. "웹소설로 돈 안 벌어도 좋다! 내 만족을 위해 쓰겠다!"라는 사람에게 누가 뭐라고 하겠습니까?

하지만 돈을 벌기 위해 쓰는 순간 모든 것이 바뀝니다. 자기만족이 아니라 독자만족을 위해 써야 하니까요. 저는 20여 년 전에 이 차이를 잘 모르고 애니메이션 시나리오 작가가 되었습니다. 그리고 오랜 시간이 지난 후에야 그 차이를 깨달았습니다. 프로 작가가 되면 내가 좋아하는 글쓰기를 마음껏 할 수 있을 거라고 생각했는데 그렇지 않았던 것입니다. 돈이 개입되는 순간 모든 것이 바뀌었습니다.

차라리 직장을 다니며 겸업을 할 걸, 하고 후회한 적도 있었습니다. 그러나 나중에 생각해보니 진짜 문제는 따로 있었습니다. 전업인지 겸업인지가 아니라 제가 잘 쓰지 못했다는 것이 문제였습니다. 만약 제가 유명한 시나리오 작가였다면 겸업을 고려할 필요조차 없었을 테니까요.

웹소설도 마찬가지입니다. 전업인지 겸업인지는 중

요하지 않습니다. 전업은 일단 돈을 벌어둔 다음 그 돈이 떨어지기 전까지 글쓰기에 전념하겠다는 것이고, 겸업은 글쓰기와 돈벌이를 병행하겠다는 것이니까요. 즉 순서의 차이일 뿐입니다. 어느 쪽을 선택할지는 본인의 성향과 상황에 달려 있습니다.

우선 6개월이든 2년이든 목표 기간을 정하세요. 기간은 가능한 길게 잡는 게 좋습니다. 그동안에 웹소설로 수입을 얻지 못해도 멘탈이 흔들리지 않을 정도로 준비하세요. 핵심은 웹소설 준비와 연재에 집중할 수 있는 환경을 구축하는 것입니다. 돈이나 시간에 쫓기면 글이 안 나오니까요. 인간관계와 생활패턴도 최대한 단순하게 정리하세요. 작가가 되면 자연히 그렇게 되지만요.

작품에 집중할 준비가 끝나셨나요? 그럼 이제는 작품 자체를 준비할 차례입니다.

소재는 보편성과 차별성을 고려하라

작품이나 작가에 따라 다르지만 소재를 먼저 정해야 합니다.(물론 장르나 캐릭터부터 구상할 수도 있습니다.) 무엇을 쓸지 모르면 아무것도 시작할 수 없으니까요. 기성 작가들조차 좋은 소재가 없어서 곤란해하는 경우가 적지 않습니다. 아래에서 다시 말씀드리겠지만 단지 기발하다고 해서 좋은 소재가 아니기 때문입니다. 고려해야 할 점이 의외로 많습니다.

웹소설의 소재는 다른 작품과의 차별성이 핵심입니다. 비슷한 장르와 작품이 워낙 많고 인기있는 소재도 생각보다 한정되어 있기 때문입니다. 그래서 많은 작가들이 메이저 장르에서 왕도(王道)적인 전개로 쓰려고 합니다. 그게 안전하고 유입도 좋으니까요. 그러다 보니 작품들이 비슷해지기 쉽고, 이것을 피하기 위해 차별화된 소재를 찾는 것입니다. 즉 웹소설 특유의 보편성과 동질성이 너무 강하다 보니 역으로 차별성이 중요해진 것입니다. 결론적으로 말씀드리면 다음과 같습니다.

"남들이 많이 쓰는 소재와 장르, 전개, 캐릭터를 골라라. 단 차별성이 명확해야 한다."

여러분이 쓰고 싶은 것, 나만의 이야기와 감성, 오랫동안 꿈꿔 왔던 세계관도 중요합니다. AI 시대가 될수록 더욱 중요해질 것입니다. 다만 기성 작가들이 자신만의 취향이나 소재가 없어서 뻔한 양판소를 쓰는 게 아니라는 점을 기억하시기 바랍니다. 예전에 해 봤더니 너무 힘들어서 포기하고 '팔리는 글'을 쓰고 있는 것입니다. 특히 초보 레벨에서는 전개와 클리셰가 정립되어 있는 양판소조차 잘 쓰기 어렵습니다.

[양판소]는 '양산형 판타지 소설'의 줄임말입니다. 뻔한 소재와 깊이 없는 캐릭터가 등장하는 정형화된 판타지 소설을 비하하는 표현입니다.

시간이 갈수록 다양한 장르와 소재, 전개가 독자들에게 더 폭넓게 받아들여지는 느낌입니다. 그러니 "나만의 길을 가겠다!"라고 외치는 용자님을 말리진 않겠습니다. 이 책에서 말씀드리는 '웹소다움'을 잃지 않아야겠지만요. 초반에는 반응이 없을 테니 끝까지 계속 연재하는 뚝심도 갖춰야 합니다. 마이너한 장르나 소재일수록 그렇습니다.

내 주인공이 이렇게 대단하다!

웹소설의 소재는 주인공만의 절대영역이나 치트키, 기연에 개연성을 부여하기 위한 장치라고 볼 수 있습니다. 즉 주인공의 뛰어남과 활약의 근거가 되는 것, 그것이 바로 소재의 진짜 역할이라는 뜻입니다. 〈전지적 독자 시점〉의 핵심 소재는 "나만이 미래를 알고 있다."는 것이고 〈나 혼자만 레벨업〉은 "오직 나만이 강해진다."이며, 〈탑매니지먼트〉의 소재는 "나만이 미래가 보인다."입니다. 세 작품 모두 소재가 곧 주인공의 능력 또는 특별함이라는 걸 알 수 있습니다. 예외도 있지만 보통은 그렇습니다.

핵심은 "주인공을 띄워줘야 한다."는 것입니다. 소재

도 주인공을 위해, 배경(세계관)도 주인공을 위해, 등장인물들도 주인공을 위해 존재해야 합니다. 주인공만의 탁월함이나 능력이 바로 메인 소재고, 주인공이 그 능력을 가장 잘 발휘하며 승승장구할 수 있게 세팅된 세계가 바로 작품의 배경이 되어야 합니다. 심지어 등장인물들도 주인공을 간절하게 원하거나 주인공에게 도움이 되어야 합니다. 주인공에게 감탄하거나 주인공만을 칭송해야 합니다. 모든 것이 주인공 위주로 돌아가야 하는 것입니다. 반대로 말하면 주인공의 활약과 승승장구가 중심이 되지 않는 소재는 웹소설의 소재로 적절하지 않다는 말이 됩니다.

마지막으로 생각해야 할 것은 "200화 넘게 쓸 수 있는 소재인가?"입니다. 아시다시피 웹소설은 대부분 초장편입니다. '국룰'이라 불리는 200화 완결작은 단행본 여덟 권 분량입니다. 책의 판형이나 편집에 따라 줄어들 수 있지만 결코 적지 않습니다. 저는 꽤 좋은 아이디어임에도 불구하고 100화를 채우기 힘들 것 같아서 <u>묵혀둔 아이디어</u>들이 많습니다.

이런 경우엔 '시리즈 미니노블' 용으로 매니지에 투고하는 것도 방법입니다. [미니노블]은 100화로 완결되기 때문입니다. (시즌 2, 3으로 진행할 수도 있습니다.) 여성향과 달리 남성향은 투고를 권하진 않지만 수익에 대한 욕심이 크지 않다면 충분히 시도해 볼만합니다. 특히 완결 후에 문피아에서 바로 작연(작가연재)으로 시작할 수 있는 장점이 있습니다.

처음부터 분량을 생각하지 않고 시작했다가 30~50화 정도에서 뭘 쓸지 몰라 힘들어하는 경우가 의외로 많습니다. 웹소설 연재는 단거리 경주가 아니라 마라톤이니까요. 특히 헌터물이 그렇습니다. 그래서 "헌터물은 무료 여포다."라는 말도 있습니다. 무료 연재 시에는 반응이 좋지만 100화 이상 끌고 나가지 못해서 연독 유지를 못하는 경우가 많으니까요.

주인공 캐릭터 정하기

<mark>웹소설에서</mark> 캐릭터의 중요성이 더욱 커지고 있습니다. 웹소설의 캐릭터성은 주인공과의 관계성이 핵심입니다. 한국 웹소설은 주인공의 서사가 중심이기 때문입니다. 웹소설의 독자들은 주인공에게 자아를 의탁합니다. 따라서 조연이 아무리 잘 조형되어 있어도, 아무리 멋지게 활약해도 주인공이 부각되지 않으면 싫어합니다. 아무리 심혈을 기울여서 재밌게 써도 '분량 늘리기를 한다', '손해를 봤다'고 생각하시더라고요. 저도 〈대장군 신립〉 연재 때 "주인공(신립) 어디 갔냐? 왜 몇 화 동안이나 안 나오냐?"라는 분노의 댓글을 많이 받아봤습니다. 예전이라서 악플 정도로 넘어갔지, 요즘이었으면 대

량 하차가 발생했을 겁니다.

주인공에게 가장 중요한 것은 주인공이 곧 작가이고 독자라는 점입니다. 즉 주인공과 작가와 독자는 삼위일체입니다. 군사부일체(君師父一體)가 아니라 작주독일체(作主讀一體)라고 할까요? 심지어 어느 작가님은 "작가가 글을 쓰는 게 아니라 주인공이 일기를 쓰는 것처럼 써야 한다."라고까지 하셨습니다.

주인공에게 두 번째로 중요한 것은 장기 목표입니다. 주인공의 장기 목표 또는 목적은 작품의 제1화, 늦어도 5화 내에 명확히 제시되어야 합니다.

주인공의 목적(Purpose)

목적은 주인공이 고난과 역경을 헤쳐 나가며 이야기를 이끌어가는 가장 근본적인 이유, 즉 '왜(why)'에 해당합니다. 이는 종종 주인공의 내면 깊숙한 곳에 자리한 핵심적인 동기나 가치관과 연결됩니다. "생존", "복수", "빼앗긴 것을 되찾겠다", "소중한 사람들을 지키겠다", "정의를 실현하겠다", "세상의 비밀을 파헤치겠다" 등등.

주인공의 목표(Goal)

목표는 주인공이 목적을 달성하기 위해 추구하는 성취 대상, 즉 '무엇(what)'에 해당합니다. 이 장기 목표는 독자들에게 이야기의 큰 방향성을 제시하고, 주인공이 앞으로 어떤 주요 사건들을 겪게 될지 예측하게 만듭니다. 주인공의 목적이 복수라면 장기 목표는 "원수를 죽이고 가문을 재건하는 것"이 될 것입니다. "세상의 멸망을 막는 것"이 목적이라면 "마왕을 무찌르고 예언을 실현(혹은 저지)하는 것"이 목표가 되겠죠?

독자가 주인공의 장기 목표에 공감하기 시작하면 모든 작가가 꿈꾸는 일이 벌어집니다. 독자들이 하차하지 않고 200화, 300화까지 계속 따라오는 것이죠. 웹소설 작가에게 이것보다 더 좋은 일은 없습니다. 재미도 캐릭터도 스토리도 연출도, 결국엔 연독을 유지하기 위한 몸부림이니까요. 따라서 주인공의 장기 목표와 목적이 제대로 세팅되어야 합니다. 생존도 좋고 복수도 좋습니다. 그리고 독자들이 주인공의 목표와 목적에 참여하게 만들어야 합니다. 이것을 '관여(engage 또는 care)'라고 합니다. 주인공을 응원하는 것을 넘어 주인공의 여정에 동참하게 만드는 것입니다.

이렇게 되면 독자들은 기꺼이 100원을 지불합니다. 특별한 능력과 치트키, 기연을 통해 성장하고 성공하는 주인공과 동일시하며 대리만족을 느낍니다. 기대감과 호기심 속에서 작품 업로드를 손꼽아 기다립니다. 연참에 환호하고 휴재에 좌절하며 연중에 분노합니다.

장기 목표가 없으면 당연히 장기적인 기대감과 호기심이 생기지 않습니다. 중간에 텐션이 떨어지거나 재미가 없다 싶으면 이탈이 쉽게 발행합니다. 하나의 에피소드가 만족스럽게 끝나면 "아 재밌었다. 이제 그만 봐야지." 하며 하차해 버립니다. 작가들이 가끔 "이번 화는 엄청 뽕차고 재밌었는데 선작이 후두둑 빠져요. 왜 이런 거죠?"라고 울부짖는 경우가 바로 이런 경우입니다.

다시 말씀드리지만 웹소설은 초장편입니다. 초장편을 유지하기 위해서는 정해진 시간에 성실하게 연재해야 하고, 재미의 패턴을 지혜롭게 반복해야 하지만, 가장 중요한 것은 끝까지 함께 추구할 목표가 있어야 한다는 점입니다. 그래야 독자들이 작품 전체를 관통하는 질문(Big Question)을 품고 끝까지 '따라오게' 됩니다. 빅 퀘스천은 이야기를 전개하고 독자의 관심을 유지하는 하나의 극적인 질문(a central dramatic question that drives the narrative forward and keeps readers engaged.)입니다. 〈재벌집 막내아들〉의 빅 퀘스천은 다음과 같습니다. "주인공은 순양그룹을 손에 넣고 복수를 완성할 수 있을 것인가?"

시점 정하기

소설의 시점은 크게 네 가지입니다. 1인칭 주인공 시점, 1인칭 관찰자 시점, 전지적 작가 시점, 그리고 3인칭 관찰자 시점. 웹소설에는 1인칭 주인공 시점이 가장 많습니다. 앞에서 말씀드렸듯이 한국 웹소설은 주인공의, 주인공에 의한, 주인공을 위한 서사이기 때문입니다.

초보 단계에서는 1인칭 주인공 시점을 추천드립니다. 작가들이 많이 쓰는 데는 이유가 있으니까요. 다만 1인칭 주인공 시점은 제약과 제한이 많습니다. 주인공이 보고 듣지 못한 건 쓸 수 없다는 제약, 제3자의 생각이나 다양한 정보를 제시할 수 없는 제한이 그것입니다. 그래서 여러 시점을 사용하는 경우도 많습니다. 시점을 혼용하면 1인칭 시점에서는 묘사할 수 없었던 정보나 사실을 쓸 수 있으니까요. 같은 사건을 바라보는 주변 인물들의 심리나 감정을 묘사할 수도 있고요. 특히 주인공의 활약에 대한 찬탄이라면, 독자들에게 분량 늘리기라는 비난을 받지 않고도 분량을 채울 수 있습니다.

다만 시점을 혼용하면 독자가 헷갈릴 수 있습니다. 웹소설 독자들은 빠르게 글을 읽기 때문입니다. 휙휙 넘겨 보는 건 기본이고 대사만 읽는 경우도 적지 않습니다. 그래서 *** 같은 전환 기호를 넣어서 시점 변화를 명시해 주는 게 좋습니다.

> **장르
> 정하기**

<mark>웹소설의 장르는</mark> 생각보다 중요합니다. 작품의 세계관과 정체성을 보여주며, 독자들이 작품을 읽기 전부터 기대감을 형성시켜주기 때문입니다.

첫째, 장르는 작품의 세계관과 밀접한 관계가 있습니다. 현대판타지는 현대, 판타지는 몬스터가 출몰하는 서양 중세, 대체역사는 임진왜란기나 구한말 등의 과거, 무협은 구파일방이 존재하는 중국풍 세계에서 벌어집니다. 최근 부상하고 있는 선협은 확장된 무협 세계관에 도교 또는 불교적 세계관이 더해진 것이고요. 이와 같이 세계관 자체도 하나의 캐릭터이자 주요 요소로서 장르를 규정합니다.

둘째, 장르는 독자의 욕망을 카테고리화한 것입니다. 따라서 기계적인 장르 구분보다 각 장르에 숨은 독자의 진짜 욕망을 이해하는 게 중요합니다. 예를 들어 대체역사물 독자의 '찐 욕망'은 "역사를 바꾸고 싶다."라기보다는 "세상의 주인공이 되고 싶다.", "인류 전체에게 영향력을 끼치는 중요한 인물이 되고 싶다.", "내맘대로 해도 될 정도의 거대한 권력을 얻고 싶다.", "역사 속 쟁쟁한 인물들이 경탄할 정도의 활약을 펼치고, 그 결과 그들에게 인정받고 싶다.", "미래지식을 이용해서 위대한 역사 인물들을 쥐락펴락하고 싶다." 등입니다. 역사를 바꾸는 것 자체가 중요한 재미요소라는 걸 부정하는 게 아닙니다. 제 말은 그 뒤에 숨은 진짜 욕망을 봐야 한다는 뜻입니다.

헌터물의 경우 F급 또는 폐급이던 주인공이 자신의 길드에서 인정받고, 전국에서 인정받은 다음, '일본이 숭배하고 중국이 질투하며 미국이 탐내는' 세계적인 헌터가 되는 것이 장르적 공식이라고 할 수 있습니다. 즉 헌터물 독자들은 단지 주인공이 헌터로서 활약하는 것을 보기 위해 작품을 보는 게 아닙니다. 그러한 활약을 통해 인정받는 느낌을 간접 체험하고 관계역전의 쾌감과 우월감을 느끼고 싶어서 헌터물을 보는 것입니다.

이처럼 독자의 욕망, 즉 "왜 이 장르를 좋아하는가?"를 정확히 이해하지 못하면 열심히 써도 성적이 좋지 않을 수 있습니다. 어디로 가는지조차 모르고 여행을 떠나는 셈이니까요. 잘못된 방향으로 갈 확률이 당연히 높아지겠죠?

독자의 욕망이 제목에 박혀 있어서 알기 쉬운 장르들도 있습니다. 예컨대 스포츠물은 운동선수 주인공의 승승장구와 그로 인해 발생하는 여러 행복한 일들을 다룹니다. 의사물, 이혼물, 재벌물, 작가물 등도 알기 쉬운 편이고요. 먼치킨물은 압도적인 강자가 되어 갑질하거나 선망의 대상이 되고 싶은 욕망을 충족시켜 줄 거라는 기대감이 들게 합니다. 이 기대감 때문에 독자는 수천 개의 작품 중에서 당신의 작품을 선택하는 것입니다. 그 기대감이 짧게는 3~5화 이내, 길게는 10화 내로 충족된다면 기꺼이 '따라올' 테고, 기대했던 재미가 충분히 느껴지지 않는다면 미련없이 떠나 버리겠지요. 이와 같이 장르는 작가와 독자 사이의 약속인 셈입니다.

내가 쓰려는 장르를 독자들이 왜 보는지 생각해보세요. 모든 장르에 공통적인 대답은 바로 '인정받고 싶어서'라고 생각합니다. 이것이 웹소설 독자들의 가장 보편적인 욕망이니까요. 결국 웹소설의 장르는 구체적으로 어떻게, 누구에게, 무엇을 하며 인정받느냐에 따라 나누어지는 것 아닐까요? 어떤 독자는 판타지 속 망나니 공자로 빙의해서 아버지인 영주에게 인정받는 걸 좋아하고, 어떤 독자는 유능한 헌터가 되어 강자들과 대중들에게 인정받는 걸 선호하며, 어떤 독자는 한국사나 삼국지 속 인물이 되어 인정받고 싶어 하는 것처럼요. 월급쟁이로 승승장구하거나 코인이나 주식투자로 대박을 쳐서, 또는 재벌이 되어서 인정받고 싶은 독자도 있습니다. 각각의 장르에 숨은 이러한 욕망과 기대감을 정확하게 이해하고 내 작품에 맛깔나게 반영시켜 보세요. 분명히 좋은 성적을 거둘 수 있을 거예요.

같은 장르라도 서브장르나 키워드에 따라 독자의 욕망이 크게 달라질 수 있습니다. 거대 로봇이 등장하는 기갑물을 예로 들면 전투가 중심이 될 수도 있고, 아카데미물로 풀어갈 수도 있고, 판타지풍 영지물로 전개할 수도 있습니다. (세 작품 모두 실제로 존재합니다.) 이와 같이 같은 기갑물이라도 독자들의 욕망은 매우 다릅니다. 전투 중심 기갑물은 전투의 박진감과 주인공의 영웅적인 활약을 통해 카타르시스를 느끼는 것이 독자의 욕망일 것입니다. 아카데미풍 기갑물과 영지물 스타일의 기갑물과는 많이 다르겠지요? 참고로 제가 쓴 기갑물인 〈기갑군주 이성계〉는 망나니물, 전쟁물, 군주물, 먼치킨물이었습니다. "약소국 고려의 먼치킨 군주 이성계가 망나니였던 젊은 시절로 회귀한 뒤, 세계대전급 기갑기 전쟁에서 활약한다."는 내용이었는데요, 이 작품에서 제가 주려던 핵심 욕망은 '우월감'이었습니다. 겉보기엔 대체역사 기갑물이었지만 실제로는 먼치킨물이었던 셈이죠.

셋째, 장르는 주인공의 목표 및 목적과 밀접한 관련이 있습니다. 예를 들어 투자물, 영지물, 스포츠물, 대체역사물, 재벌물의 장르적 재미요소는 해당 장르 주인공의 목표 및 욕망과 밀접하게 관련되어 있습니다. 독자들도 (의식적이든 무의식적이든) 그러한 기대감을 갖고 작품을 클릭하고요. 저는 이 사실을 간과했다가 〈인생을 리메이크하든 천재 애니메이션 감독〉에서 하차 러시를 겪었습니다. 독자분들은 감독물(장르)인 줄 알고 '쩍먹'하고 있었는데, 어느 순간부터 주인공이 세계적인 감독이 아니라 세계적인 재벌이자 투자자가 되기 시작했으니까요. 사실 감독으로서의 정체성을 버린 것도 아니었는데,

독자분들은 "작품에 대한 장르적 기대감이 배신당했다!" 라고 받아들이고 분노하시더라고요. "내가 감독물 먹으러 왔지 재벌물, 투자물, 대체역사물 먹으러 왔냐? 이럴 거면 처음부터 애니메이션 재벌이 되었다라고 했어야지!"라고요. (사실 처음 기획할 때의 제목은 〈회귀 후 애니메이션 재벌이 되었다〉이긴 했습니다. 제목과 장르와 주인공의 일치가 이렇게 중요합니다 여러분!)

최근에는 한 작품에 여러 장르가 들어가는 경우가 많아졌습니다. 작품의 일관성 측면에서는 위험하지만 수백 화를 연재하기 위해 불가피한 측면이 있습니다. 잘 섞기만 하면 비빔밥 같은 다채로운 맛을 줄 수 있으니까요.

장르를 정할 때 진짜 중요한 것은?

여기서 중요한 게 있습니다. 나에게 맞는 장르를 찾아내는 것이 바로 그것입니다. 자기에게 맞는 장르를 못 찾아서 성적이 저조한 작가들이 의외로 많습니다. 아래는 어느 작가님이 커뮤니티에 올린 글을 각색한 것입니다.

지금도 계속 한 장르만 파면서 버티고 있는데 슬슬 한계가 오고 있다. 독자들은 자기복제 한다고 욕하는데 소재도 쓸거리도 없고……. 그래서 다른 장르로 반응연재 해봤지만 전부 망했다. 나도 대박 한번 내보고 싶다.

자기복제는 자신의 전작과 지나치게 비슷하게 쓰거

나 전작의 요소를 재활용하는 것입니다. 반응연재는 말 그대로 독자들의 반응을 보기 위해 시험적으로 연재하는 걸 뜻하고요.

대부분의 작가들은 자기에게 맞는 장르가 있습니다. 일류 작가님들조차 다른 장르에서 실패하는 경우가 많습니다. 의학물의 신(神)이라 불리는 작가님이 판타지에서 고배를 마신다든지, 삼국지물의 GOAT라 불리는 작가님이 현대판타지에 도전했다가 실패했다든지, 레전드 재벌물 작가님이 다른 장르에서는 그저 그렇다든지……. 이런 경우는 얼마든지 있습니다. 레전드 작가들조차 이 정도니 초보 작가나 망생이들은 어떻겠습니까? 장르 선택을 잘못해서 헤매는 경우가 상상 이상으로 많을 겁니다. 여러분도 마찬가지입니다. 기대만큼 작품이 잘 풀리지 않는다면 장르를 바꿔보는 게 어떨까요?

문제는 작가 자신이 좋아하는 장르와 잘 쓰는 장르가 다른 경우입니다. 작가 자신이 즐겨 읽는 장르와 주로 쓰는 장르, 잘 쓰는 장르 세 가지 전부 다른 경우도 많습니다. 저도 그런 케이스인데요, 지금까지 주로 대체역사 장르를 써 왔지만 정작 저의 인생작은 〈탑매니지먼트〉입니다. 〈회귀수선전〉도 재미있게 보았고 헌터물도 잘 보는 편입니다.

이와 같이 저는 대체역사 장르를 '쓰는' 건 좋아하지만 '읽는' 건 그닥 좋아하지 않습니다. 인풋할 때도 영지물이나 기술개발물 스타일은 잘 안 보고 캐릭터나 전쟁이 중심이 되는 대체역사만 보는 편입니다. (제가 제일 좋아하는 대체역사소설은 조경래 작가님의 〈삼국지 마행처우역거〉입니다.) 그런데 왜 대체역사 장르를 주로 썼느냐고요? 제가 '이순신 빠돌이'를 자처할 정도로 이순신 장군님을 존경하기 때문입니다. 저는 남해안의 임진왜란 격전지와 유적지 수십 곳을 답사했고 관련 서적도 낸 적 있습니다. 그러다 보니 문피아에서의 첫 유료작이 〈대장군 신립〉이 되었고, 몇 년 뒤에 〈선조의 머릿속이 꽃밭이다〉까지 쓰게 된 것입니다.

아시다시피 신립은 임진왜란 때 탄금대 전투에서 대패한 비운의 명장이고, 선조는 임진왜란 시기의 조선 군주였습니다. 두 작품 모두 임진왜란에 대한 묘사가 많이 등장하고, 미래의 과학기술을 이용해서 조선을 부강하게 만든다는 공통점이 있습니다.

저는 운이 좋은 케이스였습니다. 캐릭터에 약하다는 약점과 설명이 많다는 단점이 대체역사 장르라서 크게 부각되지 않았으니까요. 만약 대체역사가 아니라 헌터물이나 연예인물을 썼다면 어떻게 되었을까요? 수많은 독자님들이 '설명이 많고 캐릭터들이 지루하다'라고 화를 내며 하차하셨을 겁니다. 하지만 대체역사 장르 독자님들은 그런 부분에 비교적 관대한 편입니다. 물론 대역에서 캐릭터가 중요하지 않다는 뜻은 아닙니다. 대역 독자분들이 그나마 참아줄 수 있는 종류의 단점이었다는 뜻입니다.

이와 같이 내가 어느 장르와 가장 잘 맞는지, 내가 어느 장르를 가장 잘 쓰는지를 모두 알아야 합니다. 즉 나 자신을 정확하게 알아야 합니다. 저뿐만 아니라 많은 작가님들이 '쓰고 싶은 장르'와 '잘 쓰는 장르'가 달라서 고민하고 있습니다. 여러분도 "내가 어느 장르를 좋아하는가?", "내가 어느 장르를 많이 읽었는가?", "내가 어느 장르를 쓰고 싶은가?"만 생각하지 마시고, "내 스타일과 장단점을 고려할 때 어느 장르를 선택해야 하는가?"도 진지하게 생각해 보세요. 예상 밖의 장르가 잘 맞을 수도 있으니까요.

셋째, 내가 쓰려는 장르가 메이저 장르인지 마이너 장르인지 생각해봐야 합니다. 현대판타지 같은 메이저 장르(문피아 기준)의 특징은 유입이 많다는 것입니다. 하지만 작가도 많고 작품도 많기 때문에 경쟁이 치열합니다. 그래서 일정 이상의 퀄리티가 필수적이고 나만의 특징도 집어넣어야 합니다.

마이너 장르는 반대입니다. 유입은 적지만 연독률이 좋은 경우가 많습니다. 독자풀이 작아서 여러모로 불리하지만, 취향에 맞고 잘 쓸 수만 있다면 틈새시장을 공략하는 것도 좋은 전략일 수 있습니다.

단, 추미스와 SF, 남성향 동양판타지는 쓰지 마세요. 추미스는 추리, 미스터리, 스릴러의 앞글자입니다. 추미스 요소를 메이저 장르 작품에 가미하는 건 좋습니다. 메인 요리 말고 조미료나 에피타이저로 쓰시라는 뜻입니다.

SF는 추미스보단 낫습니다. 〈철수를 구하라〉라는 화제작도 있고 우주전함물이나 기갑물, 사이버펑크 작품들도 있으니까요. 하지만 순수한 SF는 쉽지 않습니다. 세계관으로 기대감을 줄 수가 없고 낯설게 느껴지기 때문입니다. 따라서 재벌물이나 헌터물, 심지어 무협이나 판타지와 퓨전할 필요가 있습니다. 〈우주천마 3077〉처럼요.

마지막으로 남성향 동양판타지, 이것도 쓰지 마세요. 여성향 동양판타지는 많지만 이쪽은 성격이 완전히 다릅니다. 제가 쓴 〈기갑군주 이성계〉는 SF와 대체역사, 동양판타지가 혼합된 작품이었습니다. 그나마 여말선초와 이성계라는 익숙한 요소가 있었기에 상도 받고 유료화도 할 수 있었습니다만, 그런 요소가 없는 순수 동양판타지나 한국판타지는 성공한 예가 거의 없습니다. 무협이나 선협이 동양판타지의 포지션을 차지하고 있기도 하고요.

주제는 일관성 있게

장르를 정했으면 주제에 대해 생각해 봅시다. 스낵컬처인 웹소설에 무슨 주제냐고요? 쓸데없이 거창한 거 아니냐고요? 저도 그렇게 생각했었습니다. 하지만 〈기갑군주 이성계〉를 연재하는 시점부터 바뀌기 시작해서 〈선조의 머릿속이 꽃밭이다〉를 연재할 때는 주제에 대해 진지하게 생각하기 시작했습니다. 기왕이면 일관된 주제를 생각해두는 게 에피소드를 짜는 데에도, 장기 연재를 하는 데에도 도움이 되더라고요.

주제는 "무엇에 대한 이야기인가?"라고 보시면 됩니다. "□□한 주인공이 ○○하는 이야기" 등으로 쓸 수도 있고 복수, 사랑, 후회 등의 단어로 쓸 수도 있습니다.

작품의 #태그나 키워드와는 다른데, 태그나 키워드는 작품의 성격이나 세일즈 포인트에 가깝기 때문입니다.

주제는 작품의 내용과 전개, 주인공에게 일관성을 줍니다. 예를 들어 〈탑매니지먼트〉의 주인공 정선우는 더러운 방식으로 성공하지 않겠다는 신념을 갖고 있습니다. 그래서 이 작품의 빌런들은 더러운 방식으로 성공을 추구하는 자들이 많습니다. 성실하게 꿈을 좇는 캐릭터들이 주인공의 활약 덕분에 행복해지고, 자연스럽게 주인공을 흠모하고 존경하게 됩니다. 이와 같이 주제는 주인공에게 신념과 매력을 부여하며, 에피소드 구성과 전개에도 일관성을 부여해 줍니다.

무지성으로 몬스터를 때려잡고 성장하는 이야기에도 주제는 있습니다. 작가가 의식하고 넣느냐 아니냐의 차이는 있겠지만요. "주제를 설정하자."라는 말보다 "주인공이 세상을 바라보는 관점과 신념, 행동양식을 설정하자."라는 말이 좀 더 정확할지도 모르겠네요. 웹소설은 <u>주인공의 이야기</u>니까요.

단, 주인공의 신념이 너무 강하면 답답하게 느껴질 수도 있습니다. 주인공의 행동에 강력한 제약을 걸기 때문이지요. 주인공이 시원시원하게 활약하지 못하게 족쇄를 다는 형태가 되면 곤란합니다.

제목은 알기 쉽게, 알고 싶게, 흥미롭게

제목은 아주 중요합니다. 아무리 재미있어도 제목이 심심하면 손해입니다. 제목이 별로라서 초반에 묻혀 있다가 투베 등반이 늦었던 명작이 여럿 있습니다. 문피아 공모전 대상작인 〈신입사원 김철수〉도 그런 케이스였던 걸로 알고 있습니다.

제목에는 작품의 장르와 소재, 줄거리, 주인공의 능력이나 특별함이 전부 드러나는 게 좋습니다. 전부가 무리라면 최소한 한두 가지 이상은 보여주세요. 어떤 작품인지 독자가 한눈에 알아볼 수 있게 해주라는 뜻입니다. 길거리를 걷다가 간판을 본 순간 어떤 가게인지 바로 알 수 있는 가게가 그렇지 못한 가게보다 장사가 더 잘 되겠죠? 눈앞의 식당이 일식집인지 중식집인지 한식집인지, 고급요릿집인지 대중음식점인지 모르면 선뜻 들어가기 힘드니까요. 그러므로 제목짓기의 첫 번째 원칙은 '알기 쉽게 지을 것'입니다. 특이하게 지으려고 하지 말고 비유적으로도 짓지 마세요. 웹소설 독자들은 익숙한 맛을 선호합니다. 어떤 맛인지 예상이 되어야 '찍먹'해볼 생각이 들겠죠?

두 번째 원칙은 '기대감을 줄 것'입니다. 제목을 보고 무슨 내용인지 궁금하다, 읽어보고 싶다는 느낌이 들어야 한다는 거죠. 기대감에는 독자가 갖는 기대감과 작품이 주는 기대감이 있습니다. 독자가 제목을 누르고 들어왔다는 건 기대감을 가지고 있다는 뜻입니다. 이러한 독자의 기대감과 작품의 기대감이 일치한다면 독자는 기꺼이 1화부터 읽기 시작할 것입니다. 기상천외한 제목들의 문제가 바로 이것입니다. 호기심은 생기지만 기대감이 안 생기니까요. 자극적인 제목으로 시선을 끌고 싶은 마음은 충분히 이해합니다. 기발한 제목으로 관심을 끄는 게 나쁜 건 아니죠. 웹소설은 항상 엄청난 숫자의 경쟁작들에 둘러싸여 있으니까요. 하지만 독자의 눈에는 관심을 끌려는 억지 춘향 이상도 이하도 아닙니다.

물론 호기심과 기대감을 동시에 불러일으키는 게 베스트입니다. 그래서 제목짓기의 세 번째 원칙은 '독자의 관심을 끌 것'입니다. 조금 전에 저는 제목을 특이하게 지으려고 하지 말라고 말씀드렸습니다. 그러나 그것은 튀어 보이려고 무리하지 말라는 뜻이었습니다. 특이하고 흥미로운 제목을 지으려고 하다가 '알기 쉽게, 알고 싶게' 지어야 한다는 원칙이 훼손되기 쉬우니까요. 하지만 다른 두 원칙이 지켜진다면 독특하고 흥미롭게 짓는 게 낫겠죠?

지금 바로 문피아, 노벨피아, 카카오페이지, 시리즈의 작품 제목들을 쭉 훑어보세요. 마음에 드는 제목들을 뽑아서 내 작품의 제목으로 활용할 수도 있죠. 너무 비슷하게 짓거나 표절하면 안 되지만요.

(남성향의 경우) 작품 소개글은 제목보다 훨씬 덜 중요합니다. 소개글을 읽지 않거나 대충 읽는 독자들이 많으니까요. 물론 소개글을 대충 쓰라는 말은 아닙니다. 소개글을 길게 쓰는 경우도 있고 짧게 쓰는 경우도 있지만 기대감과 호기심을 자극해야 한다는 점은 제목과 동일합니다.

필명은 브랜드다

세상에는 많은 브랜드가 있습니다. 브랜드의 핵심은 회사나 조직, 상품 또는 서비스를 빠르고 직관적으로 파악하게 해주는 것입니다. 그리고 그 목적은 "선택에 드는 에너지를 줄여줄 테니 우리 상품이나 서비스를 선택하라."는 것이고요.

웹소설 작가들의 필명도 마찬가집니다. 예컨대 〈풍아저씨〉라는 필명을 아는 독자는 그 필명을 본 순간 기대감을 갖게 됩니다. 밀리터리와 대체역사 장르에서 뛰어난 작품을 써왔다는 걸 아니까요. 그래서 새 작품도 전작과 비슷한 퀄리티와 내용, 분위기, 문체일 거라고 예상할 수 있습니다. 예상은 기대를 낳고 기대는 행동을 낳으니까, 독자들이 풍아저씨의 신작을 읽을 확률이 크게 증가하겠죠? 초반에 전개가 다소 느리거나 부족한 부분이 있어도 믿고 기다려주시는 측면도 있고요. 그러니 작품을 쓸 때 '나는 지금 내 브랜드를 구축하는 중이다.'라고 생각하는 것도 좋은 동기부여라고 할 수 있습니다.

반대로 필명이 신작에 악영향을 줄 수도 있습니다. 연중이나 드리프트를 자주 한 경우, 결말을 엉망으로 낸 경우엔 오히려 필명을 보고 '이 작가 건 안 보는 게 낫겠다.'고 생각할 수 있으니까요. 심지어 댓글로 "이 작가 작품 보지 마세요!"라고 악플을 다는 독자들도 있습니다. 정도가 심한 경우 새로운 필명을 파서 연재할 수밖에요.

플랫폼 정하기

<u>문피아를</u> 무협지의 정파, 노벨피아를 사파라고 부르던 때가 있었습니다. 문피아는 유료화가 비교적 힘들지만 대성하면 고점이 높고, 노벨피아는 진입과 유료화가 쉽지만 정액제의 특성상 고점이 <u>편결</u>보다 낮으니까요.

[편결]은 '편당 결제'의 줄임말입니다. 편결의 반대말은 [정액제]입니다.

그런데 최근 들어 두 플랫폼 간의 차이가 줄어들고 있습니다. 작가들도 두 플랫폼을 오가며 연재하는 경우가 늘고 있고요. 그러므로 장르나 소재에 너무 연연할 필요는 없습니다. 사실 소재나 장르보다 그걸 어떻게 푸느냐가 더 중요합니다. 똑같은 삼국지물을 삼국지 연희물로 쓸 수도 있고 〈무신연의 : 여포가 효도를 잘함〉처럼 중후하게 쓸 수도 있는 것처럼요.

[TS물]은 남자가 여자로 바뀌는 소설입니다. TS 스킨만 입힌 작품부터 [TS 암타]까지 다양한 서브장르가 존재합니다. [아카데미물]은 마법학교를 배경으로 하는 웹소설인데 높은 연령대의 독자들이 기피하는 장르입니다. 물론 〈악당은 살고 싶다〉처럼 잘 쓰면 되지만요. [삼국지 연희물]은 삼국지(연의)의 영웅들을 여성으로 TS하는 장르입니다.

앞에서도 말씀드렸지만 문피아나 노벨피아, 둘 중 하나에서 연재하세요. 문피아로 도전하다가 안 맞으면 노벨피아로 가는 전략도 가능합니다. 반대로 노벨피아에서 실력을 쌓다가 문카시로 가는 전략도 가능하고요.

연재주기와 비축분

연재주기는 무조건 주 5회 이상입니다. 그 이하는 독자들의 '관성'이 생기지 않습니다. 매일 정해진 시간에 규칙적으로 나오지 않으면 다른 작품들과의 경쟁에서 뒤처질 수밖에 없겠죠? 특히 무료연재 때는 주 7회가 '국룰'입니다. 겸업이라서 주 7회 무료연재가 불가능하다고요? 최소한 주 6회는 할 수 있게 비축분을 쌓은 다음 시작하세요.

비축분은 세이브 원고라고도 합니다.

만약 60화에 유료화한다면 주 7회로는 약 9주(약 2개월), 주 6회로는 10주(2개월 반), 주 5회로는 약 12주(3개월)가 걸립니다. 물론 이 기간 동안은 수입이 제로(0)입니다. 두세 달 동안이나 수입이 없다는 말입니다. 게다가 이렇게 무료연재를 하고도 투베조차 들지 못하거나, 투베에 들어도 유료화 각이 안 나오거나, 유료화 각이 나와도 매달 수십만 원도 벌기 힘든 경우가 비일비재합니다. 노벨피아는 유료화 난이도가 비교적 낮고 무료연재 기간이 훨씬 적지만 유료화 이후에 발생하는 수입의 평균치와 고점이 문피아보다 낮을 확률이 크고요. 이래도 웹소설이 좋은 부업일까요? (전업은 말할 것도 없겠죠?)

실제로는 성적이 안 좋을 경우 두세 달이 아니라 한 달 이내, 즉 15~30화 정도에서 연중하는 경우가 많습니다. 성적이 안 나와도 끝까지 써 보라는 분들도 있고 빨리 연중하라는 분들도 있는데 여러 사항을 고려해야 합니다. 연독이 좋은데 유입이 안 좋다면 제목과 소개글을 자극적으로 바꿔가며 계속 연재하는 게 좋고, 연독이 안 좋다면 투베에 들어갈 때까지 연재하다가 투베 입성 이후의 추이를 지켜봐야겠죠. 만약 30화 이상 연재했는데도 투베에 못 들거나 하위권을 맴돈다면 연중을 심각하게 고려하는 게 맞습니다. 실패했다고 좌절하지 마시고,

레벨업을 위한 경험치를 쌓았다고 생각하시면 됩니다.

무료연재 동안 주 7회 연재가 불가능하다면 얼마나 비축을 쌓아야 할까요? 60화 유료화 기준으로 주 5화 작성 시 18개, 주 6화 작성 시 9개의 비축분이 있어야 60화까지 매일 연재가 가능합니다. 연재를 시작하기 전에 저 정도의 비축을 쌓은 다음 시작해야 한다는 뜻입니다. 물론 이제 막 연재를 시작한 초보가 20개 가까이 비축을 쌓는 건 결코 쉽지 않습니다. 30화 이내에 연중할 가능성도 크고요. 매일 연재하는 것조차도 쉽지 않을 겁니다.

따라서 처음에는 성적에 연연하지 말고 하루 1편 연재를 위한 글근육을 키운다고 생각하세요. 어느 정도 비축이 쌓이면 감평 받으려고 하지 말고 바로 연재를 시작하시고요. 특히 자유연재 기간에는 일반연재로 올라서는 것 자체를 목표로 잡으세요. 작가로서의 나 자신을 파악하고, 내 글과 내 장르를 이해하고, 내 글을 좋아하는 독자들을 알아가는 과정이라고 생각하세요. 실탄 사격 전에 영점 조정하는 과정이라고 생각하시면 과대망상에 빠질 일도, 자기비하에 걸릴 일도 없겠죠?

웹소설은 얼마나 빨리 성공하는가보다 얼마나 오래

버틸 수 있는가가 훨씬 중요합니다. 여러분은 이제 막 출발선에 섰을 뿐입니다. 조급해하지 마세요. 재능보다 멘탈이 백 배는 더 중요합니다.

연재 분량에 대하여

<u>남성향 편결</u> 웹소설의 기본 분량은 공포 5천 자입니다. 유료연재의 경우 5천 자가 안 되면 유료로 등록조차 안 되는 경우가 많지요. 5천 자가 아니라 5천 5백 자라고 말하는 경우도 많습니다. 5천 자에 딱 맞추면 교정·교열 후에 5천 자보다 적어질 수 있기 때문입니다. 즉 여유분을 두라는 이야기입니다.

분량을 논할 때 '<u>공포</u>'는 공백을 포함한다는 뜻이고 '<u>공미포</u>'는 공백을 포함하지 않는다는 뜻입니다. 편결인 문카시는 공포로 계산하고 정액제인 노벨피아는 공미포로 계산합니다. 문피아/카카오/시리즈는 공포 5천 자 이상, 노벨피아는 공미포 3천 자 이상입니다. (특수기호도

제외됩니다.)

공미포 1천 자는 공포 1천 400자 정도 됩니다. 즉 대충 1.4배 정도라고 보시면 됩니다.

실제로는 5천 자가 아니라 6천 자 이상 쓰는 경우가 많습니다. 5천 자에 가까우면 독자들이 분량이 적다고 불평할 수 있으니까요. 저는 한때 편당 6천 5백 자라고 생각하고 쓰곤 했습니다. 〈인생을 리메이크하는 천재 애니메이션 감독〉은 1만 5천 자 넘는 화도 있었습니다. (이건 좀 특수한 사정이 있었습니다만) 걸핏하면 7천 자나 8천 자를 넘기곤 했고요. 하지만 그 작품의 성적은 좋지 못했습니다. 즉 분량과 성적은 별개입니다. 기계적으로 분량을 나누기보다는 들쭉날쭉해지더라도 기대감을 주는 곳에서 끊는 게 좋습니다. 물론 적당히 후킹(hooking)을 주면서요.

작가들은 분량이 많은 화를 [고봉밥]이라고 부르곤 합니다.

무료연재 시의 분량은 5천 자가 안 돼도 되지만 웬만하면 맞추시는 게 좋습니다. 타플 유통까지 고려해야 하니까요. 그래도 유료 때와 달리 5천 자 이하로 써도 등록 가능하기 때문에 마음이 편합니다.

(웹소설 강의가 아닌) 책쓰기 강의를 할 때도 드리는 말씀이지만, 작가는 많이 쓰는 것과 써놓은 것을 버리는 것, 그리고 수정하는 것에 인색해선 안 됩니다. 물론 저도 이미 쓴 걸 버리는 게 정말 아까운데요, 그걸 어떻게든 살리려고 애쓸 시간에 다음 장면을 쓰는 게 오히려 이득이더라고요. 독자님들의 반응도 더 좋았고요.

> **빨리
> 쓸 수 있다고
> 믿어야
> 빨리
> 쓸 수 있다**

1장에서 말씀드렸듯이 남들이 얼마나 빨리 쓰는지는 신경 쓸 필요 없습니다. 한 편에 10시간이 걸려도 잘 팔리면 그게 오히려 가성비니까요. 8시간에 한 편 써서 일 구매 수 1천이 나오는 경우와 2시간에 한 편 써서 250이 나오는 경우가 있다면 여러분은 어느 쪽을 선택하시겠습니까? 당연히 전자겠죠? 2시간에 한 편씩 네 편을 쓰면 똑같지 않냐고요? 매일 2만 자 넘게 쓰시게요? 현실은 한 편 쓰고 뇌가 방전되어 버리는 작가가 적지 않습니다. 물론 어쩔 수 없이 다작을 하는 작가님들도 있습니다. 산술적으로 투배럭은 두 배, 쓰리배럭은 세 배의 수입이 들어오니까요.

[투배럭]은 스타크래프트 게임에서 테란 종족이 두 개의 배럭을 건설하여 마린을 빠르게 생산하는 전략입니다. 웹소설 커뮤니티에서는 '두 개의 작품을 동시에 연재한다'는 뜻으로 사용되고 있습니다. 한 작품을 하루 두 편 이상 연재하는 것은 [연참]이라고 합니다. 일반적으로 [투배럭]이 [연참]보다 어렵습니다.

저도 투배럭을 해본 적 있고 지금도 빨리 쓰려고 노력합니다. 제가 생각하는 '빨리 쓰는 법'의 핵심은 다음 네 가지입니다.

1. 빨리 쓸 수 있다고 믿고 시간을 정한다.
2. 100%가 아니라 80%의 퀄리티로 쓴다.
3. 내용을 미리 정한 다음 쓴다.
4. 일단 빨리 쓰고 나중에 고쳐 쓴다.

1번은 "두 편을 쓸 수 있다고 믿어야 두 편을 쓸 수 있다."는 뜻입니다. 그러지 않으면 한 편을 얼마 만에 쓰든 다음 편을 쓰기 어렵습니다. 한 편을 쓰고 나면 맥이 탁 풀리기도 하고, 오늘치 일을 끝냈다는 성취감과 만족감도 찾아오거든요. 이때 다시 '작업 흥분'을 일으키지 않으면 다음 편을 쓰기 어렵습니다.

[작업 흥분(work excitement)]은 특정 작업이나 활동을 수행할 때 느끼는 강렬한 몰입과 열정을 말합니다. 목표 달성에 대한 동기와 성취감으로 이어집니다.

2번은 "빨리 써도 잘 쓸 수 있다. 그러나 잘 쓰려고 하면 빨리 쓰기 어렵다."라는 뜻입니다. 완벽주의자는 당연히 빨리 쓰기 힘들겠죠? 단, 초보 레벨에서는 속도보다 퀄리티에 집중해야 합니다. 빨리 쓰는 연습은 어느 정도 실력이 쌓인 뒤에 해도 늦지 않습니다.

3번은 "내용 생각하기와 키보드 타이핑하기, 즉 집필하기를 동시에 하지 말라."는 말이고 4번은 키보드 타이핑과 퇴고를 동시에 하지 말라는 뜻입니다. 사람의 생각이 타이핑보다 빠르니까 일단 생각을 대충 옮겨 쓰고, 어색한 부분은 나중에 한꺼번에 고치라는 뜻입니다. 더 나은 문장을 생각하며 쓰거나 거슬리는 부분을 수정하면서 쓰면 절대 빨리 쓸 수 없습니다. 일단 휘갈겨 쓴 다음 다음 날 퇴고하는 게 가장 빠른 방법입니다.

기왕이면 표지 만들기

이제 표지에 대해 알아볼까요? 노벨피아는 표지가 있는 게 좋지만 문피아는 없어도 됩니다. 노벨피아와 문피아에 들어가서 직접 표지들을 쭉 훑어보시면 분위기 파악이 되실 됩니다. 문피아의 경우 마우스나 타블렛으로 직접 그려서 올려도 되고, 제목이나 강조하고 싶은 것만 텍스트로 크게 넣어도 됩니다. 문피아는 원래 생성형 AI 표지를 받아주지 않았고 독자들 중에도 싫어하는 분들이 많았습니다. 저도 AI 표지 쓰지 말라는 댓글을 받아봤고요. 최근에는 AI 표지도 많아졌지만 유료연재 시점에 사람이 그린 그림으로 바꾸셔야 합니다. (유료화 시점을 전후해서 매니지가 알아서 해줄 겁니다.)

반대로 노벨피아는 인공지능 이미지에 관대합니다. 제가 노벨피아에서 TS물을 연재할 땐 표지는 물론이고 삽화도 AI로 많이 만들어 넣었습니다. 그때는 인공지능으로 이미지 만드는 게 상당히 복잡하고 불편했습니다. 지금은 그때보다 훨씬 쉽게 고품질 이미지를 넣을 수 있지요.

이제 연재를 시작하자

앞에서 말씀드렸듯이 초보 작가는 문피아나 노벨피아에서 연재하시면 됩니다. 투고나 에이전시가 무조건 나쁘다는 건 아니지만 직접 독자를 만날 수 있는데 굳이 처음부터 업체를 끼고 갈 필요는 없지 않을까요? PD나 에디터가 아무리 똑똑해도 독자들의 집단지성보다 똑똑할 순 없으니까요. 물론 장점도 있을 수 있습니다. 시행착오를 줄일 수 있을지도 모릅니다. 하지만 초보 작가 시절 특유의 위험들이 존재합니다. 담당 PD의 취향이나 사건에 휘둘린다든지, 수정을 반복하다가 의욕을 잃는다든지, 타일작으로 소모된다든지…….

물론 이런 위험이 투고에만 있는 건 아닙니다. 컨택을

받아서 계약하고 유료화할 때도 마찬가지입니다. 즉 투고든 연재든 매니지와 계약해서 연재한다는 점은 똑같으니까요. 그러나 컨택을 받아서 계약하는 쪽이 투고해서 계약하는 것보다 여러모로 낫습니다. 적어도 남성향은 그렇습니다.

노벨피아는 정액제라는 한계가 있지만 유료화 자체는 어렵지 않습니다. 15화 연재 후 통장사본 등을 첨부해서 플러스 신청을 하면 됩니다. 담당 PD가 연락을 주실 테고 사이트에 안내가 되어 있으니 그대로 하시면 됩니다.

문피아는 조금 복잡합니다. 처음에 작품을 올리면 자유연재에 노출됩니다. 자유연재에서 15화 이상, 7만 5천 자 이상 쓰고 승급을 신청하면 일반연재로 이동됩니다. 자유연재 때는 유입도 없고 유의미한 성적을 거두기 어렵습니다. 그러니까 편안한 마음으로 자유롭게 적어 보세요. 기왕이면 지금까지 말씀드린 것들을 반영해서요. 일반연재 승급 후에 비공개로 돌리거나 삭제해도 되니까 우선 쓰고 싶은 대로 써 보세요. 일반연재로 승급하면 계속 이어 쓰거나 새로운 작품을 시작하실 수 있습니다. 일반연재도 괜찮지만 기왕이면 작가연재에 올리는 게 낫습니다. 독자님들은 한 편이라도 유료완결 경험이 있는 작가를 선호하니까요.

당신은 노벨피아 또는 문피아에서 매일 1화씩, 정해진 시간에 연재하기 시작했습니다. 생업 등으로 인해 주 7회 연재가 힘들 경우, 앞에서 말씀드렸듯이 유료화까지 견딜 수 있게 비축분을 만들어두고 시작하는 게 좋습니다. 주 7회 연재가 가능한 경우에도 웬만하면 비축분을 쌓아두는 게 좋고요. 문피아의 경우 첫날에 한꺼번에 3화를 올리거나 8시간 간격으로 1화씩 3화를 올리는 게 좋습니다. 둘째날부터는 하루 1화씩 올리고요. 물론 사정이 여의치 않으면 첫날에 1~2화만 올려도 무방합니다. 연재 시각은 출퇴근 앞뒤, 저녁 8시 이후 등으로 옮겨가면서 최적의 시각을 찾아보세요. 최적의 시각이란 유입이 많고, 내 생활 패턴에도 어울리는 시각입니다. 단, 새벽 시간은 추천하지 않습니다.

새로고침병
과
내글구려병

대부분의 초보 작가들이 작품을 올리고 난 직후에 하는 일이 있습니다. 바로 F5 키를 연타하는 것입니다. 브라우저를 새로고침하는 것이죠. 5분에 한 번, 심하면 1분에 한 번씩 무한 새로고침을 하며 초조함을 달랩니다. 조회수 하나에 웃고, 선작 하나에 환호하며, 댓글 하나에 무한한 희열을 느낍니다. 그러다가 몇 시간째 조회수가 안 늘어나서 울고, 선작이 하나 줄었다고 절망하며, 악플 한 개에 하루 종일 우울해하기도 합니다. 멘탈이 천국과 지옥을 오가는 셈이지요. 이것을 '새로고침병(病)'이라고 합니다.

이것은 도파민을 갈구하는 상태, 즉 일종의 도파민 중

독 상태입니다. 똑같은 원리로 작동하는 게 바로 유튜브 쇼츠나 틱톡입니다. 손가락만 까딱하면 자극적인 영상이 계속해서 튀어나오니까, 나도 모르게 몇 시간씩 멍하니 보게 되잖아요? 새로고침병도 짜릿한 도파민을 갈구한다는 점에서 똑같습니다. 조회수 하나, 선호작 하나, 댓글 하나하나가 엄청난 도파민을 뿜어내 주니까요. 그래서 참지 못하고 계속 새로고침 하는 거지요.

새로고침병은 저도 걸려봤습니다. 대부분의 초보 작가들이 한 번쯤은 거치는 과정입니다. 그러다가 점점 시들해지고 무덤덤해지죠. 문제는 새로고침병의 부작용과 후유증입니다. 아무도 내 글을 안 보는 것 같고 내 글이 재미없어 보이는 '내글구려병'에 걸릴 수도 있으니까요. 하지만 독자의 입장에서 생각해 보세요. 초보 작가가 자유연재나 일반연재에 올린 글을 누가 보겠습니까? 여러분이 독자일 때도 최소한 투베 2페이지(40위) 내의 작품들 위주로 보지 않았나요? 많아야 200위 안의 작품들만 봤을 겁니다. 물론 투베에 올라오지 않은 작품도 찾아보는 '심해탐사부'들도 계시겠지만요.

대부분의 독자들은 15화는 되어야 보기 시작합니다. 15화 이하 작품은 언제든지 연중될 수 있다고 보기 때문입니다. 실제로 많은 초보 작가들이 새로고침병과 내글구려병에 걸려 조기에 작품을 던지는 일이 비일비재합니다. 남들은 쭉쭉 뻗어나가는 거 같은데 나는 아무도 안 봐주는 것 같고, 뜨거운 반응 속에 화려하게 데뷔해서 '월억킥' 할 거라고 내심 기대했는데 조회수조차 얼마 없고……. 그러다 보니 혼자 멘탈이 나가서 연중해버리는 거지요. 이런 경우가 아주 많습니다.

일희일비하지 마세요. 마라톤은 지금 막 시작되었을 뿐입니다. 조회수와 선작이 늘어나는 건 기쁜 일이지만 1주일 뒤, 한 달 뒤에 어떻게 되어 있을지는 아무도 모릅니다. 2~30화까지 빌빌거리던 작품도 (연독만 좋다면) 순식간에 치고 올라갈 수 있습니다. 잘나가던 작품도 '뇌절'과 '드리프트' 끝에 폐사(斃死)할 수 있고요.

댓글도 마찬가집니다. 아시다시피 악플도 많고 작가를 쥐고 흔들려는 사람들도 많습니다. 지나친 악플러들은 차단해도 되지만 댓글 자체에 초연할 필요가 있습니다. 긁힐 필요 없다는 뜻입니다. 저는 둔할 정도로 멘탈이 좋다 보니 악플 때문에 괴로워하는 작가님들이 진심으로 안타깝습니다. 돌멩이가 호수에 떨어지면 파문이 일어나지만, 바위에 떨어지면 돌멩이가 깨집니다. 호수가 아니라 바위가 되세요. 내 기분은 내 겁니다. 남이 좌지우지하게 하지 마세요. 어차피 모든 사람을 만족시킬 순 없습니다. 나랑 취향 맞는 사람만 끌고 가면 됩니다. 자신을 믿으세요.

독자들은 의심이 많고 다양하다

독자들은 당신과 당신의 작품을 의심합니다. 전작이 없는 신인이라면 특히 더 그렇습니다. 투베 하위권에 있으면 '재미가 없어서 순위가 낮은 거 아냐?'라고 생각하고요. 반대로 똑같은 작품도 투베 상위권에 있거나 프로모션을 받은 경우 더 재미있다고 (무의식적으로) 생각합니다. 전형적인 후광 효과(halo effect)죠. 앞에서 말씀드렸듯이 대부분의 독자들은 15화 미만이면 잘 안 봅니다. 몇 화 안 된 작품을 보는 건 유명 작가의 작품이거나, 취향을 저격당했거나, 투베 상위권에 있거나 하는 경우입니다.

독자들은 똑같지 않습니다. 15화 이하도 보는 독자

들이 있고 최소 30화 이상이어야 보는 독자들도 있습니다. 유료화 직전이나 유료화된 작품만 보는 독자들도 많죠. 이분들은 '이 작품은 (적어도 유료화가 되었으니) 연중하진 않겠구나.'라고 생각합니다. 문피아에서 연재되던 작품이 타플에 풀리는 걸 노리는 독자들도 존재하고요. 이분들은 점찍어둔 작품을 더 싸게 보고 싶어 하는 독자층입니다. 마지막 독자들은 완결작만 보는 독자입니다. e북이 나오면 할인받아 보는 분들도 있고 그냥 연재뷰어로 보는 분들도 있습니다.

이처럼 독자들은 의심이 많고 다양합니다. 그러니 초반에 독자들이 없다고 실망하지 마세요. 많은 초보 작가분들이 충분히 좋은 작품을 쓰고 있음에도 불구하고 '멘탈이 갈려서' 연중하는 경우가 많습니다. 그러면 독자분들은 이렇게 생각합니다. '저거 봐 내 말이 맞지? 신인작가의 초기 작품에는 손대는 거 아냐!'

길게 봐야 합니다. 쓰는 작품마다 족족 성공하는 건 'SSS급' 작가들에게도 힘든 일입니다. 쓰는 것 자체를 즐기세요. 조회수와 성적은 목표나 목적이 아니라 결과이자 보상이 되어야 합니다.

> **사랑해야
> 오래 할 수 있고
> 오래 해야
> 잘할 수 있다**

앞에서도 말씀드렸듯이 돈을 벌기 위해 웹소설을 쓰는 건 현명한 행동이 아닙니다. 대부분의 웹소설 작가들은 오늘도 이렇게 생각하며 키보드를 두드리고 있습니다. '웹소설 쓰는 게 너무 좋아. 하지만 돈이 너무 안 돼. 미래도 너무 불안하고 언제까지 할 수 있을지도 모르겠어. 다른 일을 알아보거나 부업을 해야 할까? 투배럭을 돌릴 수 있으면 좋겠는데.'

여러분은 안 그럴 거라고요? 그럴 수도 있죠. 어쨌든 재미를 붙여야 오래 할 수 있고 오래 해야 실력이 늡니다. 여러분의 실력이 경지에 오르고 독자들을 만족시키면 돈은 저절로 따라옵니다. 아마존의 CEO로 유명한 제

프 베이조스는 이렇게 말했습니다. "많은 기업들이 주가가 떨어지면 어떻게 하면 주가를 올릴지를 고민한다. 하지만 주가는 결과일 뿐이다. 매출이나 경쟁력을 회복시키면 주가도 자연히 상승한다."

처음에는 조회수와 추천수, 투베 등수에 연연하지 마세요. '이건 진짜 재밌다!'라는 확신이 드는 글을 쓰세요. 여러분이 그런 감정을 느끼지 못했다면 독자들도 그럴 가능성이 높습니다. 실제로는 작가가 정말 재미있다고 생각하는 글도 반응을 못 얻는 경우가 많습니다. 신나게 써서 올렸는데 반응이 시원찮아서 '현타'가 오는 거죠. 이럴 때마다 기성 작가들도 머리를 싸매곤 합니다.

아래는 어느 웹소설 작가의 하소연을 각색한 것입니다.

이번 화 진짜 열심히 썼는데 왜 반응이 싸늘하지? 내용이 너무 많아서 문제인가? 아니면 내 빌드업이 잘못된 건가? 원인을 모르겠다. 오늘 선작 엄청 오를 줄 알았는데 오히려 선삭이 우수수……. 독자들 마음 진짜 모르겠다.

독자들의 반응이 없어도, 반응이 예상과 딴판이어도

우직하게 계속 쓸 수 있는 재능! 이것이야말로 웹소설 작가에게 필요한 최고의 재능입니다.

투베에 등반하기 시작하다

여러분은 자유연재에서 순조롭게 연재해서 일반연재로 승급되었습니다. 그리고 얼마 후, 최종화의 24시간 조회수가 80~130을 넘어 투베(투데이베스트)에 안착했습니다. 드디어 '투베 등반'이 시작된 것입니다.

[투베 등반]은 200위부터 시작해서 1위까지 올라가는 것이 마치 등반(등산) 같다고 해서 붙여진 이름입니다. 참고로 투베 10위까지는 [반페](반 페이지), 20위까지는 [1페], 40위까지 [2페], 60위까지 [3페]라고 합니다.

연독률, 선작비, 추천비 같은 지표들도 투베 등반 후

에야 의미가 있습니다. 투베에 들기 전에는 독자 수(모집단) 자체가 적으니까요. 최근에는 선작비나 연독률, 추천수보다 "직전 화 조회수의 95%가 유지되는가?"를 더 중요하게 보기도 합니다. 어찌됐든 모든 지표는 참고 수단일 뿐입니다. 지표에 연연하지 마세요.

[선작비]는 1화의 조회수, 즉 [유입]과 [선작(선호작)]의 비율입니다. 선작비가 30%라는 말은 1화 유입이 1만인 작품의 선작이 3천이라는 뜻입니다. [추천비]는 한 화의 추천수와 조회수의 비율입니다.

"투베 3페 밖(61위 이하)은 유료화해도 의미가 없다."는 말도 있지만 꼭 그렇지는 않습니다. 의미가 있는지 없는지는 여러분 자신이 정하는 것입니다. '나 혼자서 유료화'조차 못할 정도로 성적이 낮으면 어쩔 수 없지만, 작품에 애정이 있다면 무료로 계속 연재할 수도 있습니다.

투베에 오르기 전이나 오른 뒤에 일찍 컨택이 올 수 있습니다. '컨택(contact)'은 매니지가 작가에게 계약을 제안하는 것을 뜻합니다. 컨택 메시지, 즉 계약제안을 받으면 당연히 기분이 좋습니다. 하지만 너무 일찍 계약할 필요는 없습니다. 여러 곳에서 컨택을 받은 후 비교해 보고 결정해도 늦지 않습니다. 물론 컨택이 거의 오지 않는다면 컨택이 온 매니지와 해야겠지만요.

나에게 컨택, 즉 계약 제안을 하진 않았지만 "이 매니지랑 하고 싶다."는 매니지가 있다면? 그 매니지의 이메일이나 서재 등으로 연락해서 혹시 관심 있으시냐고 '역컨택' 하는 것도 가능합니다. 되면 좋고 안 돼도 그만이니까요. 물론 <u>문피아 매니지(줄여서 '문매')</u>에 물어볼 수도 있습니다. 고객센터 등을 통해 제안하면 되는데, 여러분의 작품이 괜찮다고 판단되면 연락이 올 겁니다. 오래전 일이지만 저도 〈대장군 신립〉을 유료화할 때 문매에 요청을 드렸었습니다. 그때 담당 PD님이 OK해 주셔서 문매로 유료화할 수 있었습니다. 단, 요즘엔 <u>'나 혼자서 유료화'</u>의 활성화를 위해 성적이 애매할 경우 그쪽을 더 권해드리고 있다고 합니다.

문피아 매니지(문매)는 작가 매니지먼트를 담당하는 문피아 내 부서입니다. 즉 문피아는 플랫폼이면서 매니지이기도 한 것입니다. 단 모든 작품을 하지는 않고 자체 기준에 의해 계약된 작품만 관리합니다. [나 혼자서 유료화]란 선작이 1천 이상이고 화수가 30화 이상일 경우 문피아에 유료화와 2차 유통을 맡기는 것입니다. 문매는 남성향 한정 1티어 매니지로 평가받지만 장단점이 있습니다. 물론 다른 매니지들도 마찬가지고요.

유료화할 것이냐 엎을 것이냐, 그것이 문제로다

유료화가 능사는 아닙니다. 성적이 낮은 상태에서 유료화하면 매달 수십만 원밖에 못 벌 수도 있으니까요. 여러분이 잘못해서가 아니라 이 바닥(?)이 원래 그렇습니다. 부익부 빈익빈이에요. 대부분의 작가들이 월천킥이 아니라 월백킥을 하는 게 엄연한 현실이니까요. 그러므로 선택은 둘 중 하나입니다.

첫 번째는 "나는 이 성적으로 유료화 안 한다. 아니 못 한다. 시간 낭비하기도 싫으니 새 작품으로 대박을 노리겠다!"라고 외친 뒤 새 작품을 연재하는 것입니다. 성적도 안 나오고 애정도 없는 작품을 반년 가까이 연재하는 건 너무 힘든 일이니까요. 이쪽을 선호하는 작가님들은

"희망이 없는 작품은 미련을 버리고 그냥 보내주는 게 낫다."고 말합니다. 유명 기성 작가님들도 종종 이렇게 하시고요.

하지만 초보 작가의 경우 위험성이 있습니다. 작품을 '갈엎'하는 기성 작가님들은 언제라도 투베에 올라서 유료화할 수 있다는 자신감과 능력이 있지만, 여러분과 저는 아니기 때문입니다. (사실 저도 투베 등반이나 유료화 자체를 걱정하진 않습니다.) 성적이 안 나온다고 갈아엎다가 몇 달, 아니 몇 년이 지나갈 수도 있습니다. 첫작을 갈아엎었는데 둘째 작품이 더 폭망하는 경우도 많습니다. 웹소설 커뮤니티에서는 이야깃거리도 안 될 정도로 흔한 일입니다. 이렇게 되면 망생이인 채로 시간이 흘러가 버립니다. 나와 비슷하게 출발했던 작가는 그래도 두세 작품을 유료화해서 '<u>구작 수입</u>'이 들어오고 있는데 말이죠.

[구작(舊作)]이란 말 그대로 예전에 완결한 작품이라는 뜻입니다. 대부분의 플랫폼이 연재 중인 작품과 구작을 함께 노출시켜 주기 때문에 신작이 노출될 때 구작도 간접적으로 노출됩니다. 그래서 '최고의 구작 프로모션은 신작 연재'라는 말도 있습니다.

구작 수입이 아무리 적어도 몇만 원과 0원의 심리적 차이는 생각보다 큽니다. 작가의 개성이 뚜렷하다면 나름의 팬층도 생겼을 테고요. 내 필명을 기억해주는 100명의 독자가 있고 없고의 차이는 결코 작지 않습니다. 네임드 작가님들처럼 만 단위, 10만 단위를 넘어서면 말할 것도 없겠죠? "홍길동 작가님 신작 내셨대!"라는 소식을 듣자마자 달려와서 읽어 주실 테니까요.

두 번째 선택은 "나는 성적이 낮아도 무조건 유료화하겠어!"입니다. 이렇게 낮은 성적으로 유료화하는 것에도 장단점이 존재합니다. 일단 장점은 실력이 크게 오른다는 점입니다. 웹소설은 30화, 60화, 100화, 200화에서 얻을 수 있는 경험치가 다릅니다. 30화를 넘겨본 적이 없는 작가, 유료로 100화까지 써본 적 없는 작가, 200화 이상으로 완결해 본 적이 없는 작가는 레벨이 다릅니다.

[프로 프롤로거]라는 말이 있습니다. 프롤로그만 계속 쓰는 '망생이'를 뜻하는 말입니다. 설마 이런 사람이 있겠어? 싶겠지만 정말로 존재합니다. 이것은 일부 아마추어 일러스트레이터들이 눈이나 얼굴만, 그것도 자신있는

구도의 얼굴만 그리는 것과 비슷합니다.

  그래서 많은 기성 작가들이 "수입이 적더라도 웬만하면 유료 200화 완결을 내보라."고 하는 것입니다. 200화까지 써 본 작가는 작품을 구상할 때도, 프롤로그를 쓸 때도, 15화를 쓸 때도 보법이 다르니까요. 물론 대충 때우는 식으로 쓰면 의미가 없습니다. 필명에 악명이 낄 뿐이죠. 탄마 작가님의 말씀대로 "유료화는 최고의 훈련이니 나를 성장시키기 위해 유료화를 한다!"라는 마인드셋이 제일 좋습니다.

  다만 작품에 애정이 없으면 150화나 120화에 조기완결을 하는 게 낫습니다. 200화까지 쓰라는 건 그게 업계의 '국룰'이고 프로모션을 받기도 좋기 때문입니다. 200화조차 안 되는 작품은 재미가 없다는 인식 때문이기도 합니다. "재미있고 잘나가는 작품이면 계속 늘려 썼겠지, 왜 조기 완결을 했겠어?"라는 심리지요.

  당신은 유료화를 하기로 마음먹었습니다. 선작 3천에 최신화의 24시간 조회수 3천을 기록했네요. 신인치고는 훌륭한 성적입니다. 장르에 따라 5백에서 1천 이상의 전환도 가능하겠네요. 1화 유입도 1만 5천 이상이니 더 끌지 않고 유료화하기로 결정했습니다. 이제는 매니지와 계약할 차례입니다.

매니지는 누구이며 무엇을 하는가

'매니지'라 불리는 업체들은 플랫폼과 작가들 사이의 연결고리 역할을 수행합니다. 매니지들은 작가와 작품을 케어하고 여러 플랫폼에 유통을 해 줍니다. 표지를 만들어주고 MG(미니멈 개런티), 선인세 등을 주기도 합니다.

[엠지(MG)]와 선인세는 엄밀히 말해 다르지만 실무적으로는 거의 같습니다. 둘 다 인세, 즉 작가 수입의 일부를 미리 지급해주는 것입니다. 엠지든 선인세든 받아서 나쁠 것은 없습니다. 단, 작품이 중단되거나 매출이 너무 낮아서 엠지나 선인세만큼의 수익이 없을 경우, 다음 작품에서 벌충하거나 몇 배로 반환해야 한다는 등의 독소

조항이 없는지 확인하세요.

작가들이 매니지에게 바라는 것은 여러 가지입니다. 내 작품을 1, 2, 3차 플랫폼에 실수 없이 잘 유통해주고, 인기가 있을 경우 웹툰화도 잘해주며, 멋진 표지도 만들어 주고, 명절엔 한우 꽃등심 세트도 보내주고…….

웹툰화에 대해서는 마음을 비우시는 게 좋습니다. 웹툰 업계가 어렵기도 하고 웹툰화 계약을 하고 나서도 엎어지는 경우가 비일비재하기 때문입니다. 한때는 애니메이션 제작사들조차 웹툰 업계에 뛰어들 정도였지만 지금은 상황이 많이 달라졌습니다.

하지만 무엇보다도 중요한 건 프로모션입니다. 문피아, 카카오페이지, 시리즈에서 상위 프로모션을 받아주는 것, 이것이야말로 작가들이 가장 원하는 것입니다. 물론 매니지들도 잘 알고 있고요. 이것을 매니지의 '영업력'이라고 합니다.

실제로 친(親) 시리즈 매니지, 카카페 계열사 매니지 등으로 불리는 매니지들이 있습니다. 이들은 해당 플랫폼에서 더 나은 프로모션을 받아줄 확률이 높습니다. 다만 날이 갈수록 작품 자체의 인기와 재미가 더 중요해지는 추세입니다. 매니지들의 영업력이 없지는 않겠지만 플랫폼이 판단하고 매니지에 통보해주는 경우가 늘어나고 있습니다. 그러므로 매니지의 영업력에 큰 기대를 하지 않는 편이 좋습니다. 또한 플랫폼들 간의 배타적인 독점벽이 높아지고 있습니다. 문피아와 시리즈에서 강한 매니지가 카카오에서는 힘을 못 쓰거나 반대의 경우도 많습니다. 그러다 보니 '좋은 매니지는 어디인가?'라는 물음에 기성 작가들조차 선뜻 대답하기 힘들어하고 있습니다. 시기에 따라서도 다르고 담당자에 따라서도 다르기 때문에 더더욱 그렇습니다. 물론 큰 매니지, 업력이 있는 매니지, 논란이 없는 매니지가 그렇지 못한 매니지들보다 낫겠지만요.

'웹연갤'에 글을 올려서 매니지에 대해 문의하거나 구글링하는 것도 하나의 방법입니다. 사실 100% 좋은 반응이 나오는 매니지는 없지만 모두가 "거길 왜 가?"라고 한다면 심각하게 고민하시는 게 좋습니다.

[웹연갤]은 '웹소설 연재 갤러리'의 준말로, 국내 최대

의 남성향 웹소설 커뮤니티입니다. 하지만 익명 커뮤니티라서 신뢰성은 보장할 수 없습니다. 초보 작가라면 하루 한두 번씩 방문해서 개념글과 팁글 위주로 훑어보시는 것을 추천드립니다. 단, 자신의 작품이나 필명은 밝히지 마세요.

몇 년 전부터 매니지와 작가 사이를 이어준다는 명목으로 '에이전시'라는 업체들이 생겨나고 있습니다. 에이전시에 대해서는 논란이 있기 때문에 언급하지 않겠습니다. 매니지와 달리 필수적인 것도 아니니까요. 다만 에이전시에 대한 작가들의 인식은 좋지 않은 편입니다.

계약 시의 주의사항

매니지가 정해지면 '출판권 설정 계약'을 하시게 됩니다. 여러분이 온전히 소유한 작품의 저작권 중에서 출판권만 일정 기간 양도해주는 것입니다. 그러므로 여러분이 갑이고 출판사가 을입니다. 갑질을 하시라는 게 아니라 계약을 잘못해서 이 관계가 역전되는 일이 없어야 한다는 말입니다.

매니지가 계약서를 만들어서 여러분에게 주는 이유는 계약서 작성이 취미라서가 아닙니다. 모든 계약서는 만드는 쪽이 유리하기 때문입니다. 노골적인 독소조항이 없더라도 약간이라도 더 유리한 법이거든요. 그러니 계약서는 미리 받아서 꼼꼼히 확인하셔야 합니다. 혹시 처음 만난 자리에서 바로 계약서를 주면서 "읽어보시고 이상 없으시면 계약하시죠?"라고 하는 매니지가 있다면 거르시는 게 좋습니다. 최소한 정중히 거절하며 "계약서를 검토할 시간을 달라."고 하세요. 그리고 실제로 꼼꼼히 보시기 바랍니다. 조금이라도 <u>궁금한 게 있으면 확실히 물어보세요.</u> 대부분 친절하게 알려줄 겁니다. 만약 매니지나 담당 PD가 이 과정을 귀찮아한다면 계약 후에도 당신과 당신의 작품을 귀찮아할 확률이 높습니다.

크몽이나 로톡 등을 통해 계약서 검토를 받으실 수 있습니다. 유료지만 10만 원 이하로도 가능합니다. AI에 계약서 검토를 요청하거나 정부의 무상 법률 서비스를 받을 수도 있습니다. 의심 가는 조항을 웹연갤에 올려서 물어볼 수도 있고요. 계약서 조항을 그대로 붙여 넣으면 문<u>제가 될 수 있으므로</u> 요령껏 물어보시기 바랍니다.

참고로 2025년 3월 21에 '문체부 웹소설 표준계약서 고시 제정안'이 나왔습니다. 고시안이므로 확정은 아니지만 큰 변화는 없을 것으로 보입니다.

저는 애니메이션 제작법인을 창업, 운영한 적도 있고 유명 애니메이션 제작사에서 임원으로 일한 적도 있습니다. 프리랜서 입장에서 계약서를 쓴 적도 많고요. 자랑하는 게 아니라 그만큼 다양한 입장에서 계약을 해봤다는 뜻입니다. 그런 제 경험상 계약서에서 가장 중요한 조항들은 문제나 사고가 발생했을 경우와 관련된 조항들, 즉 계약이 종료되거나 파토날 때의 조항들이었습니다.

매니지나 플랫폼과의 문제나 분쟁이 발생하는 순간 관련 조항들의 토씨 하나까지 중요해집니다. 따라서 계약서를 검토할 땐 주로 그런 부분들을 자세히 보세요. 문제 발생 시의 대처 방법, 특히 매니지가 업로드 실수 등의 사고를 쳤을 때의 대처 방안, 작가가 몸이 아프거나 일이 생겨서 작업을 못할 경우, 계약을 종료할 때와 관련된 사항들, 다른 매니지로 옮길 때 작품의 이관 관련 사항들이 그것입니다. 여러분이 쓴 원고 자체는 여러분의 것이지만, 담당자가 교정·교열을 해준 경우 매니지의 권리도 발생합니다. 3년이나 5년 뒤에 계약을 자동 연장하지 않고 종료할 경우를 대비해서 이런 부분도 명확히 하실 필요가 있습니다. 까탈스럽게 보일까봐 걱정하지 마시고 물어보세요. 대부분 친절하게 알려줍니다.

또 한 가지 주의하실 부분은 수정의 한도와 횟수를 정하고 집필의 주도권을 유지하는 것입니다. 그렇지 않고 '매니지가 OK할 때까지' 수정하다가 몇 달, 심하면 몇 년을 날릴 수도 있습니다. 이것을 '무한 반려'라고 합니다. 최근에는 이런 일이 줄어들었지만 혹시 모르니 반드시 확인하세요. 계약서에 '완전원고'라는 말이 있으면 특히 주의하셔야 합니다.

마지막으로 전속 계약은 하지 않는 것을 추천드립니다. 이번 작품도 어찌 될지 모르는데 다음 작품까지 '묶일' 필요는 없으니까요. 계약은 작가가 아니라 작품 단위로 하시는 게 좋습니다. 물론 전속 계약을 하면 수익 분배 비율이나 프로모션 등을 잘 주겠다고 할 겁니다. 그 자체가 나쁘다는 말은 아니지만 초보 단계에서는 위험을 감수할 필요가 없습니다. 그리고 매니지의 호언장담은 상당히 걸러서 들어야 합니다. 상호 날인된 계약서에 들어가지 않은 어떠한 것도 지킬 필요가 없으니까요. "저희는 최선을 다했는데 플랫폼에서 거부했어요."라고 하면 끝입니다. (구두계약도 계약이므로 소송을 걸 수는 있지만 실익이 없습니다.)

유료화를
해 봐야
작가다

축하합니다! 당신은 무료 투베에서 준수한 성적을 거두었고 매니지와의 계약도 무사히 끝냈습니다. 이제는 유료화를 할 차례입니다.

보통 50~60화 정도를 무료로 연재하다가 유료로 전환하게 됩니다. 유료화 전날, 즉 무료 마지막 화의 24시간 조회수와 유료 첫 화의 24시간 조회수 비율을 '(유료) 전환율'이라고 합니다. 전환율이 40%라는 말은 무료 마지막 화 조회수가 5천일 때 유료 첫 화 조회수가 2천이라는 뜻입니다. (40%대 전환율은 꽤 높은 편에 속합니다.)

앞에서 말씀드렸듯이 전환율은 장르에 따라 다릅니다. 일반적으로 대체역사, 현판 직업물 등은 높고 헌터물은 낮은 편입니다. 작가의 수입은 대체로 유료 전환에 따라 달라집니다. 전환이 높다는 말은 무료로 보던 독자님들이 유료전환 후에도 많이 따라왔다는 뜻이니까요. 게다가 전환이 높은 작품은 타플에 풀릴 때 더 나은 프로모션을 받을 확률이 높아집니다. 이렇게 전환(율)이 중요하다 보니 전환, 즉 유료화 성적을 예측할 수 있는 지표들이 공유되어 왔습니다. 평균 추천수의 3~5배, 장르별 비율, 유료화 직후 3시간 판매수의 2배 등이 바로 그것입니다. 하지만 절대적인 지표는 없고 작품별 편차가 크기 때문에 연연하실 필요는 없습니다.

무료연재를 하다가 유료화할 때는 3편 정도를 연참하는 게 일반적입니다. 물론 한 편만 올려도 상관없지만요. 겸업이라서 주 7회 연재가 불가능할 경우, 유료화와 함께 주 6회나 주 5회로 전환하면 됩니다. 물론 주 7회 연재보다는 수입이 많이 떨어지겠지만요. 그래도 무리하게 연재하다가 휴재를 때리는 것보다는 훨씬 낫습니다. 번아웃이 오거나 몸이 상할 수도 있고요. 당연한 말이지만 무단 휴재는 완결 때까지 없는 게 좋습니다. 앞에서 말씀드렸듯이 많은 독자님들이 매일매일 정해진 시간에 관성처럼, 습관으로 보기 때문입니다. 웹툰을 포함한 어떤 콘텐츠도 따라올 수 없는 웹소만의 생산성 덕분입니다.

휴재보다 더 나쁜 것은 연중, 즉 중간에 연재를 중단하는 것입니다. 특히 유료 연재 중에 연중하시면 안 됩니다. 무료일 때도 연중을 하면 독자님들이 부모님의 안부를 물어보시지만, 유료일 때 연중하시면 독자는 물론이고 매니지와 플랫폼까지 '빠따'를 들고 여러분을 후드려 팰지도 모릅니다. 특히 유료연재 또는 플러스연재 때 연중할 경우 연중 페널티는 물론이고 정산이 중지될 수도 있습니다.

하나의 작품은 하나의 세계입니다. 저는 웹소설의 세계관이 캐릭터나 스토리에 비해 과소평가되고 있다고 생각합니다. 독자들이 캐릭터만큼이나 좋아하고 이입하는 게 바로 작품 속 세계라고 보기 때문입니다.

똑같은 캐릭터가 없는 것처럼 똑같은 세계도 없습니다. 현대판타지들도 세계관이 다 다르고 양판소나 무협도 마찬가지입니다. 그런 세계를 미완성인 채로 끝내버리는 것은 중요한 캐릭터를 갑자기 죽여버리는 것만큼이나 독자님들께 '내상'과 '마상'을 주는 짓입니다. 특히 웹소설은 더욱 그렇습니다. 웹소설의 세계는 독자의 뇌가 텍스트를 기반으로 재구축한 세계니까요. 따라서 독자의 뇌 속에 구축된 세계는 독자의 피조물이자 소유물입니다. 그런데 외부인(?)인 작가가 그 세계를 박살내 버렸으니 얼마나 충격과 상심이 크겠습니까? 유료로 100화, 200화 넘게 따라왔다면 그 세계에 애착과 몰입도 많이 되었을 텐데……

그래서 저는 아직도 기다리고 있습니다. 〈탑매니지먼트〉가 완결되는 그날을.

신인 작가의 탄생

<mark>천신만고 끝에</mark> 200화로 완결하셨다고요? 축하합니다! 이제 당신은 어엿한 웹소설 작가입니다. 아직은 '신인'이라는 딱지가 붙어 있지만 기뻐해도 좋습니다. 시작점에도 못 서는 사람이 훨씬 많으니까요. "아무나 웹소설 작가가 될 수 있지만 누구나 웹소설 작가가 될 수는 없다."라는 말처럼(?), 이젠 지인들에게 당당하게 '작가'라고 소개해도 됩니다.

하지만 차기작의 두려움과 압박감이 당신을 짓누르고 있을 겁니다. 차기작 준비는 연재하는 동안 해야 합니다. 전작이 끝나기 전에 차기작 연재를 시작하면 더 좋고요. 전작을 끝낸 후에 연재를 시작하면 두 달이나

수입이 없는 텀이 생기기 때문입니다.

이렇게 한 화 한 화, 한 질 한 질 쓰다 보면 왜 그렇게 많은 선배 작가들이 업계를 떠났는지 알게 되실 겁니다. 그리고 왜 못 떠나고 있는지도요.

덧붙이는 말

<mark>중요한 것은</mark> 자신을 믿고 우직하게 쓰는 것입니다. 앞에서도 말씀드렸지만 이것보다 더 중요한 재능은 없습니다. 성공의 비밀이나 지름길도 없습니다. 일타강사도 없고 비법도 없습니다. 아무리 좋은 수업과 교재, 조언도 그 사람의 경험에서 나온 거니까요. 나에게는 맞지 않을 가능성이 높고 오히려 방해가 될 수도 있습니다. 그래서 웹연갤에 올라오는 팁글도 누구에게는 찬사를 받지만 다른 이들에겐 혹평과 비판을 받곤 합니다.

제 경우엔 "웹소설의 주인공은 긴장감 없이 무조건 승승장구해야 한다."는 팁글이 방해가 되었습니다. 웹소설에도 긴장감이 필요한데 긴장감 자체를 주지 않으려

고 했던 것입니다. 하지만 이젠 알고 있습니다. 기대감과 긴장감은 양날의 검이라는 사실을. 거대한 위기와 강력한 문제, 무시무시한 적이 오히려 기대감을 높여준다는 것을. 사이다를 위해서는 고구마를 먹이되, 맛있는 고구마를 먹여야 한다는 말의 의미를.

늘 그렇듯이 답은 내 안에 있습니다. 당신이 재미있다고 생각하는 걸 쓰세요. 당신을 웃게 만들고 가슴이 뛰게 만드는 걸 써야 합니다. 그래야 쓰는 게 재미있고 오래 쓸 수 있습니다. 트렌드를 알아내서 독자들이 좋아하는 걸 쓰는 것은 그 다음에 할 일입니다.

웹소설 시장이 커지고 독자풀이 늘어날수록 기호도 다양해지고 있습니다. 그래서 모든 작가들이 "그렇게 쓰면 절대로 하면 안 된다."고 말해 왔던 방법으로 당당히 성공하는 작가들이 늘어나고 있습니다. 독자들도 고인물화 되면서 신선한 작품, 뭔가 다른 작품을 찾고 있고요. 물론 "블루오션인 줄 알았는데 개미지옥이었다."는 말은 웹소설에도 적용됩니다. "남들이 안 쓰는 데는 이유가 있더라."는 말도 대부분 사실이고요. 마이너한 소재와 장르, 기상천외한 연출, 도전적인 전개는 신인작가가 다루기 버거운 게 사실입니다. 하지만 확실히 예전보다 독자들의 '넓이'와 포용성이 커지고 있습니다. 나만의 서브 장르, 분위기, 느낌을 우직하게 밀고 나가는 틈새시장 전략이 충분히 먹힌다는 뜻입니다. 그런 당신에게 열광하는 팬이나 마니아가 몇백 명만 있어도 충분히 먹고 살 수 있습니다.

글쓰기 자체를 즐기세요. 집필과 연재를 성장과 학습의 기회라고 생각하며 꾸준히 쓰세요. 그러다 보면 어느새 실력이 높아져 있을 것이고, 자연히 월천킥도 하고 계실 겁니다. 저는 아직 그렇게 되지 못했지만 롱런하며 승승장구하시는 작가분들은 대부분 그렇더라고요. 그러니 너무 부담 갖지 말고 도전하세요. 실패해도 다음 작품을 쓰면 되잖아요? 자영업처럼 몇 천, 몇 억이 깨지는 것도 아니니까요.

성공하면 유료화! 실패하면 연중 아닙니까?

3장

웹소설을
더 잘 쓰고
싶다면

더 잘 쓰고 싶은 그대를 위해

이번 장은 초보 작가를 위한 제 나름의 조언입니다. 작법이라기보다 원칙이라고 생각하시면 될 것 같습니다. 네 주제에 무슨 조언이고 원칙이냐고 하셔도 할 말은 없습니다. 다만 밑바닥에서 구르며 절차탁마하고 악전고투하는 이무기의 실전 지침서가, 광활한 창공을 주유하는 대붕의 음풍농월보다 도움이 될 수도 있지 않을까요? "스스로 잘하는 것과 타인을 잘하게 하는 건 다르다."는 말을 방패 삼아, 이제까지 웹소설을 쓰며 깨달은 것들을 짧게 전해드리고자 합니다.

1장과 2장에서 말씀드린 내용이 다시 등장하는 경우

가 있습니다. 중요한 내용이기 때문에 복습한다고 생각해 주세요. 같은 내용도 다른 방식으로 이야기하는 경우가 많습니다.

웹소설이란 무엇인가?

하나의 소설을 웹소설과 웹소설이 아닌 것으로 가르는 기준이 뭘까요? "이 작품은 웹소스럽다, 웹소답지 않다."고 말할 수 있는 기준은? 웹소설은 스낵컬쳐이고, 모바일로 많이 보고, 주인공 중심이고, 회빙환이 많고……. 등의 현상적인 특징도 물론 중요합니다. 하지만 웹소를 제대로 이해하기 위해서는 더 깊이 생각해볼 필요가 있습니다. 웹소를 웹소답게, 웹소스럽게 만드는 요소가 무엇인지 알고 쓰는 것과 모르고 쓰는 건 다르지 않을까요? 그 해답이 맞든지 틀리든지요.

제가 생각하는 남성향 웹소설의 핵심 요소는 '인정욕구'입니다. "특별한 능력을 가진 주인공이 성장하고 성취하고 성공해서 칭찬받고 인정받는 이야기"가 바로 웹소설이라고 생각합니다. 저뿐만 아니라 많은 작가님들이 동의하는 생각입니다. 이 문장을 다르게 말하면 이렇습니다.

"웹소설은 주인공이 인정받을 거라는 기대감에서 분비되는 도파민을 연료로 오랫동안 연재되는 일일연속극(시트콤)이다."

이게 무슨 말이냐고요? 일단 주인공은 특별해야 합니다. 이 특별한 주인공이 활약하고, 성장하고, 성공하는 모습을 보여주면 독자들에게 기대감이 생깁니다. 어떤 기대감이냐? 인정받을 거라는 기대감이죠. 왜 이렇게 인정받는 것에 집착하냐고요? 칭찬받고 사랑받고 관계 역전에 성공하고 지위를 획득하기 위해서는 일단 인정받아야 하기 때문입니다.

주인공의 특별함을		칭찬(칭송) 받는다
주인공의 활약을	**인정받으면**	존경과 사랑을 받는다
주인공의 성장(레벨업)을		관계가 역전된다
주인공의 성취와 성공을		지위와 권력을 얻는다

인정받고 인정받고 또 인정받고 싶다

인정받는 사람은 더 오래 생존하고 더 많은 DNA를 남길 수 있습니다. 그래서 수백만 년 전부터 우리의 뇌는 인정받기 위한 행동을 장려해 왔습니다. "이 행동을 하면 인정받을 수 있다."라고 예측될 경우(기대될 경우) 도파민을 분비해줬다는 뜻입니다. 도파민은 대뇌에 존재하는 150조 개의 시냅스(의 일부)에서 분비되어 우리의 행동을 지배합니다. 웹소설에서 마르고 닳도록 강조하는 기대감은 바로 이것을 의미합니다. 물론 지금도 마찬가지입니다. 인스타, 페북 같은 SNS에서 조회수와 좋아요를 얻기 위한 노력들, 유명해지기 위한 노력들과 권력을 쟁취하기 위한 악전고투들이 전부 '인정받기' 위해서 벌어지는 일들입니다.

도파민은 행복한 감정이나 쾌감 그 자체를 주지 않습니다. 그러한 보상을 향해 열심히 노력하게 만드는 '동기부여' 호르몬입니다. 원시인들이 사냥감을 계속 쫓을 수 있게 해주는 물질인 셈이죠.

2장에서 말씀드린 '새로고침병'도 도파민 때문입니다. 나와 내 작품이 인정받는다는 느낌을 갈구하기 때문에 생기는 병이니까요. F5키를 연타하는 순간 우리의 머릿속에는 도파민이 뿜어져 나오고 있습니다. (정확히 말하면 도파민이 F5키를 연타하게 만드는 것입니다.) 내 작품이 인정받으면 돈과 명예를 얻을 수 있고, 그러면 내 유전자를 남길 확률이 올라가니까요.

F5를 연타하는 거랑 내 작품이 잘되는 거랑 무슨 상관이냐고요? 물론 상관없죠. 그러니까 새로고침하지 말라는 거고요. 그런데 왜 새로고침병이 감기보다 흔하냐고요? 이유는 두 가지입니다. 하나는 우리의 뇌가 어떤 면에서 아주 멍청하기 때문이고, 또 하나는 노력과 자원의 투입이 적기 때문입니다. F5키만 누르면 되니까요. 사

람들이 유튜브 쇼츠를 멍하니 보는 이유와 똑같습니다. 손가락 끝을 '까딱'하는 최소한의 노력만으로 자극적인 콘텐츠들이 팡팡 튀어나오잖아요? 뇌의 입장에서는 '가성비 개꿀'인 셈이죠.

하지만 머지않아 깨닫게 됩니다. 웹소설로 인정받고 싶으면 F5키를 연타할 게 아니라 웹소설을 써야 한다는 사실을. 문제는 독자가 5분도 안 되는 시간 안에 읽어버리는 활자조합물(?)을 쓰는 데 엄청난 노력이 들어간다는 사실입니다. 안 그래도 도파민에 절여진 우리의 뇌는 뭔가 잘못되었다고 생각하고 이렇게 소리칩니다.

"지금 당장 키보드에서 손을 떼! 침대에 누워 스마트폰을 켜고 유튜브 쇼츠를 봐!"

인정받고 싶은 남자와 사랑받고 싶은 여자

남성향 웹소설은 '남자 주인공이 인정받고 인정받고 또 인정받는 이야기'이고, 여성향 웹소설은 '여자 주인공이 사랑받고 사랑받고 또 사랑받는 이야기'입니다. 둘 다 과다하게 단순화시킨 측면이 있지만, 초보 단계에서 이걸 알고 시작하는지 아닌지는 확실히 다릅니다. (10여 년 전의 저에게 누가 알려줬다면 얼마나 좋았을까요?)

남성향 웹소설 독자 : 인정받고 싶어!
여성향 웹소설 독자 : 사랑받고 싶어!

남성향 주인공의 능력, 즉 소재 자체는 인정받기 위한

개연성을 주기 위한 도구일 뿐, 그 자체가 목적이 아닙니다. 소재나 전개를 생각할 때 이 부분을 간과해선 안 됩니다. 즉 "이 소재로 어떻게 성장하고 갑질하고 승승장구할까?"를 넘어 "어떻게 인정받고, 사랑받고, 칭찬받고, 관계역전하고, 권력을 얻을까?"까지 생각해야 합니다. 독자의 뇌에 도파민을 분출시키는 건 성공 그 자체가 아니라 그 성공을 통해 '인정받을 거라는 기대감'이기 때문입니다. 물론 실제로는 인정에 기대감뿐만 아니라 인정으로 인한 결과들, 즉 칭찬과 권력, 관계역전에 대한 기대감도 함께 작용하지만요.

태권도 웹소설 공모전에서 입상한 제 소설 〈8괘 조합으로 64배 강해진다〉에서 이와 관련된 실수가 있었습니다. 주인공이 혼자서 몬스터들을 때려잡는 장면이 몇 화나 나온 것입니다. 나름대로 열심히 썼지만 독자분들의 반응이 좋지 않았습니다. 아무리 많은 몬스터를 죽여 강해져도, 아무리 성장하고 승승장구해도 시큰둥해하시더군요. 잘하는 장면, 활약하는 장면만 나왔고 인정받는 장면이 없었기 때문입니다. 불특정 다수의 인정도 좋지만 기왕이면 강자들, 권력을 가진 사람들에게 인정받는 게 좋겠죠? 망나니물, 헌터물, 재벌물 등 어느 장르를 봐도 그렇습니다. 〈재벌집 막내아들〉 역시 복수라는 메인 키워드만큼이나 '진양철 회장에게 인정받는' 서사가 중요합니다. 만약 진도준이 (할아버지와의 관계적 서사 없이) 계속 복수만 했다면 재미가 훨씬 덜하지 않았을까요?

주인공의, 주인공에 의한, 주인공을 위한

앞에서 말씀드린 것처럼 인정욕구에서 발생하는 기대감이 도파민을 분비시키고, 그 도파민 덕분에 계속 다음 화를 결제하게 됩니다. 생판 남(?)인 주인공이 인정받는 게 왜 독자의 머릿속에 도파민을 분비시킬까요? 거울 뉴런과 같은 뇌과학 이론들이 있지만 한 마디로 '주인공과 자신을 동일시하기 때문'입니다.

웹소설은 태생적으로 감정이입과 동일시가 쉬운 콘텐츠입니다. 텍스트 기반이기 때문입니다. 텍스트는 종이나 스마트폰 위에 찍힌 검은색 기호일 뿐입니다. 예를 들어 '고딕 양식의 낡은 교회당'이라는 텍스트는 설계도일 뿐입니다. 모든 이미지는 독자의 뇌가 만들어내야 합니다. 만약 생각을 찍는 사진기가 있다면 머릿속에 떠오른 이미지가 천차만별일 겁니다. 하지만 영화와 애니메이션, 게임은 다르죠. 상상할 필요가 없습니다. 보이는 그대로 받아들이면 되니까요.

	웹소설	게임	만화(웹툰)	영화·애니메이션
독자와의 거리	매우 가까움	가까움	가까움	중간
동일시의 정도	아주 높음	아주 높음	높음	중간
독자의 관여(참여)	아주 높음	아주 높음	중간	낮음

위의 표를 보면 웹소설이 게임과 비슷하다는 걸 알 수 있습니다. 게임 속 캐릭터는 게이머의 아바타, 즉 분신과도 같으니까요. 주인공의 내적 각성이 아니라 외적 성장에 집중한다는 점도 비슷합니다. 레벨업이나 퀘스트 같은 게임 요소들이 웹소설에 많이 도입된 이유와도 관련이 있지 않을까요? 앞에서 말씀드렸듯이 저는 캐릭터와 동일시하지 못하는 편이었습니다. 만약 여러분도 저와 같은 증상(?)을 갖고 있다면 의식적으로 노력하셔야 합니다. '작가=주인공=독자'라는 삼위일체가 박살나면 연독률도 박살나니까요.

웹소설이 어려운 이유

웹소설은 매일 1화씩 써야 합니다. 주 5일, 6일 연재하는 경우도 있지만 심리적인 압박감은 다를 바 없습니다. 쉬어도 쉬는 것 같지 않고요. 매일 5천 자 이상의 이야기를 써내는 건 결코 쉽지 않습니다. 역사상 어떤 콘텐츠도 이렇게 빡센 적은 없었습니다. 물론 이야기로서의 깊이와 구조, 퀄리티 등은 다소 헐거울 수 있지만 그걸 감안해도 엄청난 생산력이 요구됩니다.

또 한 가지 어려움은 PD와 작가, 감독 역할을 동시에 해야 한다는 점입니다. 매니지나 주변 지인들이 조언해 주지만 조언은 조언일 뿐이죠. PD가 하는 독자 니즈 파악, 트렌드 파악, 작품 방향 설정도 해야 하고, 감독이

하는 연출과 장면 묘사, 캐릭터 구축도 해야 하며, 작가가 하는 글쓰기도 해야 합니다. 웹소설은 영화처럼 상상하고 게임처럼 몰입하는 콘텐츠이기 때문입니다. 물론 다른 장르소설들도 마찬가지지만 웹소설은 특히 중요합니다.

그런데 웹소설 집필이 어려운 진짜 이유는 따로 있습니다. 200화(8권) 이상의 초장편이라는 점입니다. 매 화, 매 에피소드가 재미있어야 하고 작품 전체를 관통하는 기대감도 유지해야 하니까요. 이것은 100미터 달리기로 마라톤을 뛰는 것과 마찬가지입니다. 많은 작가님들이 기대감과 도파민을 강조하는 이유가 여기에 있습니다. 기대감을 유지하지 못하면 독자들이 이탈해 버리기 때문입니다. 반대로 말하면 기대감만 유지할 수 있으면 모든 편이 재미있지 못해도 이탈하지 않습니다. 다음 화에 대한 기대감이 있으니까요.

이렇게 기대감이 중요하다 보니 기대감을 유지하는 기법들이 발전되어 왔습니다. 대표적인 기술이 클리프행어(Cliff Hanger), 즉 '절단신공'입니다. 한 화가 끝날 때쯤 다음 화가 궁금하게 만들어주는 거죠. 웹소뿐만 아니라 웹툰과 드라마도 애용하는 기본 스킬입니다. 하지만 어설프게 사용하면 독자들의 짜증을 유발할 수 있습니다. 연재 중일 경우 24시간 동안, 주말이 끼어 있으면 48시간 넘게 답답함을 해소할 수 없으니까요. 그래서 많은 작가님들이 궁금하게 끝내지 말고 기대감이 들게 끝내라고 합니다. 다음 화에 뭔가 중요한 일이 벌어지겠구나, 하는 예측과 기대감을 주면서 마무리하라는 뜻이죠. 저도 늘 염두에 두며 쓰고 있습니다. 연설이든 영화든 웹소설이든, 마지막을 어떻게 끝내느냐가 해당 화수의 인상을 좌우하는 법이니까요.

'예상할 수 있음'과 '예상할 수 없음'

절단신공이 위험한 이유는 웹소설 자체의 특성에도 있습니다. 웹소설의 재미는 '예측할 수 있음'에서 나오기 때문입니다. 그러나 많은 장르소설들의 재미는 '예측할 수 없음'에서 나옵니다. 추리, 미스터리, SF, 스릴러 등은 한 치 앞을 내다볼 수 없는 궁금증을 통해 재미를 줍니다. "댄 브라운의 소설 '다빈치 코드'는 문체, 대화, 캐릭터 모두 끔찍할 정도로 형편없지만 단 한 가지, 무슨 일이 일어날지 궁금하게 만드는 것 하나만으로 세계적인 베스트셀러가 되었다."라고 말하는 작법책도 있을 정도입니다.

웹소설도 궁금증이 중요합니다. 그러나 웹소설은 예

측을 통한 기대감이 더 중요합니다. 독자에게 정보를 제한하는 경우도 있지만 주인공이나 주변 인물들보다 더 많은 정보를 주는 게 일반적입니다. '의도된 정보격차를 통한 우월감'이 웹소설의 주요 재미요소이기 때문입니다. 빌런이 깝죽거리며 주인공을 도발할 때, 장르소설 독자나 영화 관객들은 '과연 어떻게 될까? 주인공은 어떻게 이 위기를 벗어날 수 있을까? 만약 잘못되면 어떡하지?'라고 생각하며 손에 땀을 쥐지만, 웹소설 독자들은 주인공이 빌런을 압살할 수 있는 치트키를 갖고 있다는 걸 알고 있기 때문에 '빌런이 곧 쳐발리겠군 크큭.'하며 우월감을 느낍니다. 물론 예외도 많지만 기본은 그렇습니다.

예외는 항상 있습니다. 이 작은 책에서는 그런 부분들까지 다 다룰 수 없어서 가장 중요한 부분만 말씀드리는 것입니다. 이것은 이 책 전체에 해당됩니다.

절단신공을 뜻하는 영단어 클리프 행어는 말 그대로 절벽에 매달려 있다는 뜻입니다. 절벽에서 떨어질지 기어올라올지 궁금하게 만든다는 뜻이지요. 하지만 웹소설 독자는 주인공이 그런 위험에 처하는 것 자체를 싫어합니다. 절벽에 매달려 있더라도 낙하산이나 윙슈트를 갖고 있어야 하고, 그 사실을 독자도 알고 있어야 합니다.

궁금증보다 기대감을, 배경보다 주인공을

이야기가 약간 옆으로 샜습니다. '초장편의 기대감을 유지하는 방법'으로 되돌아가겠습니다. 기대감을 유지하는 데 있어서 절단신공보다 훨씬 나은 방법은 주인공에게 장기 목표를 설정해주는 것입니다. 그러면 그 목표가 곧 독자의 목표가 되고, 그 목표를 이루어 나가는 과정에 관심과 기대감을 갖게 되니까요. 그와 동시에 목표를 이루기 위해 노력하는 주인공을 응원하게 되겠죠? 마치 월드컵에 출전한 대한민국 대표팀을 온 국민이 응원하듯이요.

이와 같이 주인공의 강렬한 동기에 감정이입 할 수 있다면 그 동기와 목표, 목적이 달성될 때까지 독자들은 하차하지 않고 함께할 겁니다. 이렇게 장기 기대감이 잘 세팅되어 있다면 절단신공에 의지할 필요 없겠죠? 물론 궁금하게 만드는 것 자체가 나쁜 건 아니지만요.

그러므로 작품이 완결되었을 때 주인공이 어떻게 되어 있을지, 스토리가 어떻게 진행되어 있을지 <u>미리 생각해두고</u> 써야 합니다. 그것이 작품 전체의 방향성이고, 방향성을 추구하는 과정에서 기대감이 생기기 때문입니다.

처음부터 정확하고 자세하게 설정하기는 어려울 수 있습니다. 쓰다 보면 바뀔 수도 있고요. 하지만 목표와 목적 설정 자체는 꼭 필요합니다.

장기적인 기대감을 유지하는 방법에는 캐릭터도 있습니다. 주연과 조연의 캐릭터성이 잘 구축되어 있으면 계속 보고 싶어지니까요. 작품의 분위기와 세계관 구축이 잘 되어도 계속 보고 싶어집니다. 물론 이 경우에는 그 세계 안에 들어가 있는 듯한 느낌, 즉 '임장감'을 잘 줘야겠지만요. 임장감은 생각보다 중요합니다. 앞에서 말씀드렸듯이 독자들은 작가가 쓴 글을 설계도 삼아서 자신만의 세계를 창조하니까요. 그 세계가 현실처럼 느껴질수록, 그 세계 안에 들어가 있는 느낌을 받을수록 재미있게 느껴지는 게 당연합니다.

이와 같이 임장감(presence)에서 몰입감(immersion)이 나옵니다.

그래서 장르소설이나 순문학은 세부적인 묘사를 통해 공감각적 임장감을 끌어내려고 노력합니다. 특히 서구권 장르소설들은 한 문단 전체, 심지어 한 페이지 내내 묘사만 하는 경우를 어렵지 않게 볼 수 있습니다. 하지만 웹소설은 반대입니다. 꼭 필요한 경우를 제외하면 묘사를 최소화하는 게 원칙입니다. 심지어 장소를 밝히지 않고 바로 대사나 사건으로 넘어갈 때도 있습니다. 저도 시험 삼아 몇 번 해봤는데 아무도 신경쓰지 않더라고요. 형용사와 부사를 쓰지 말라는 이유도 비슷합니다. 글이 난삽해지는 건 물론이고 독자가 자기 마음대로 상상하는 걸 방해하기 때문입니다. "주인공이 자동차를 타고 질주했다."라는 문장과, "주인공이 눈부시게 빛나는 진홍색의 날렵한 람보르기니를 몰고 무섭도록 빠른 속도로 아스팔트 도로 위를 질주했다."라는 문장을 비교해 보세요.

　웹소설도 장르소설의 일종인데 왜 이렇게 다를까요? 제 생각에는 독자가 자신만의 세계를 창조하고 그 안에서 유일무이한 존재, 즉 주인공이 되고 싶어하기 때문인 것 같습니다. 배경이나 디테일이 강조되면 주인공의 행동과 감정에 집중할 수 없으니까요. 반대로 말하면 주인공에게 집중하기 위해 배경을 뭉개는 셈입니다. 카메라의 초점을 피사체에 맞추면 배경이 흐려지고, 배경에 초점을 맞추면 피사체가 흐려지는 것처럼요. 이것만 봐도 웹소설이 얼마나 주인공 중심인지 알 수 있습니다.

드리프트보다 원패턴이 낫다

여러 번 말씀드렸듯이 웹소설은 초장편입니다. 그래서 작품의 흐름이나 에피소드, 주인공의 성향과 성격, 행동이 흔들리기 쉽습니다. 제 작품인 〈인생을 리메이크하는 천재 애니메이션 감독〉도 처음에는 현판 직업물로 시작했는데, 재벌물이나 대체역사물 요소가 너무 많이 들어오면서 독자님들이 많이 떠났습니다. 작품의 주제나 성격, 세일즈 포인트, 재미의 패턴 등을 계속 유지하지 못한 게 문제였습니다.

물론 저도 최대한 감독물로 끌고 가려고 노력했습니다. 그러나 두 가지 이유로 실패하고 말았습니다. 첫째는 장기적인 계획이 부족했습니다. 둘째는 제가 원래 감독이 아니라 PD였다는 점입니다. 〈천재 애니메이션 PD〉로 갔어야 했는데 방향을 잘못 잡은 셈이죠. 결국 야심차게 시작했고 초반 반응은 좋았음에도 불구하고 사실상 실패작이 되고 말았습니다.

독자들은 재미가 없어도 어느 정도는 참고 보지만 작품의 성격이나 장르, 주제가 바뀌면 참지 않습니다. "내가 기대한 재미가 아니네?"라며 하차해 버리죠. 따라서 작품의 일관성을 확보하고 그것을 반복해야 합니다. 저처럼 중간에 <u>드리프트</u>하는 우를 범하지 마시기 바랍니다.

[드리프트]는 소설의 주제나 장르, 재미의 패턴, 캐릭터성 등이 갑자기 바뀌는 걸 뜻합니다. 1화부터 10화까지 구축된 작품의 정체성은 완결까지 유지하는 게 좋습니다.

<u>원패턴</u>이라는 말을 듣더라도 정해진 레일 위를 계속 달리는 게 좋습니다. 다른 '맛'을 원하는 독자는 다른 작품을 보면 되니까요. 웹소설의 핵심인 '(독자의) 기대감'은 주인공의 행동에만 적용되는 게 아니라 스토리와 작

품 자체에도 적용된다는 것을 기억해 주세요. 그렇지 못하면 독자들은 '글이 흔들린다.'고 느끼니까요.

웹소설은 초장편이므로 정해진 패턴을 반복할 수밖에 없습니다. [원패턴]은 말 그대로 한 가지 패턴을 주구장창 반복한다는 뜻인데, 드리프트보다는 원패턴이 차라리 낫습니다. 적절한 바리에이션을 주어서 '원패턴 같지 않은 원패턴'을 유지하는 게 이상적입니다. 여러 개의 패턴을 사용하더라도 원래 패턴과 동떨어진 느낌을 주면 안 됩니다.

아포칼립스물은 초반을 지나 주인공이 살 만해지는 순간 '노잼'이 되는 경우가 많습니다. 주인공이 안정적인 셸터를 마련하고 더 이상 참치캔 하나, 생수 한 개에 아등바등하지 않게 된 순간, '생존 추구의 패턴'이 깨어져 버리기 때문이죠. 생존을 위해 필사적으로 노력하는 과정이 재미있어서 읽고 있었는데, 더 이상 그런 긴장감을 맛볼 수 없겠다 싶으니 (기대감이 사라져서) 떠나버리는 겁니다. 헌터물도 F급이던 주인공이 유명해지고 강해지는 순간 하차하는 독자들이 많습니다.

원패턴이지만 원패턴으로 보이지 않는 글이 읽기도 좋고 쓰기도 좋습니다. 독자가 내 글을 보는 이유와 내 작품의 세일즈 포인트를 잘 파악해서 패턴화한 뒤 반복하는 것, 이것이 하차를 최소화하고 연독률을 지키는 방법입니다.

작가가 알아야 할 세 가지

작가는 자기 자신과 독자, 그리고 자신이 쓰는 작품을 알아야 합니다.

1. 너 자신을 알라

나는 왜 쓰는가? 나는 무엇을 쓰고 싶은가? 나는 무엇을 잘 쓰는가? 나는 어떤 글을 쓸 수 있는가? 내가 좋아하는 장르는? 50화 이후에도 큰 부담 없이 쓸 수 있는 장르는? 내 글에 공통적으로 나타나는 패턴은?

이런 부분을 파악해서 장점을 살리고 단점을 줄여야 합니다. 내가 어떤 글을 잘 쓰는지 아는 것만으론 부족합니다. 독자의 눈으로 내 글을 읽으며 에피소드마다 반복되는 패턴을 찾아내야 합니다. 문제가 발생했을 때 내 주인공이 어떻게 반응하는지, 빌런들의 행동패턴과 성향, 사이다 패턴, 성장 패턴 등을 파악하는 것입니다. 내가 쓴 글만큼 나 자신이 반영되어 있는 건 없기 때문입니다. 즉 글을 보면 작가를 알 수 있습니다.

제 경우는 빌런이 빌런답지 못해서 긴장감이 떨어진다는 문제가 있습니다. 악독함이 별로 안 느껴지는 거죠. 이건 제 무심한 성격과도 관련이 있습니다. 설명이 지나치게 많고 주인공의 감정이 잘 느껴지지 않는 것도 문제입니다. 캐릭터의 보상(레벨업 프로세스)이 흐리멍텅한 것도 고질병이고요. INFP다 보니 체계적인 작품 설계와 에피소드 설계도 어렵더라고요.

물론 장점도 없진 않습니다. 우선 전투 묘사, 그중에서도 거대한 전쟁 묘사에 강점이 있습니다. 많은 아이디어와 순발력, 사건 만들기, 독특한 전개, 인생 경험, 풍부한 지식 등은 (그나마) 장점입니다. 웹소설을 많이 본 편은 아니지만 일반 실용서나 전문서, 논문 등은 수천 권 이상 봤으니까요. 이것은 대필작가라는 직업의 특성 때문이었습니다.

지금까지 말씀드린 제 장점과 단점을 조합하면 한 가

지 결론이 나옵니다. 저는 대역 장르에 맞다는 것입니다. 대역 독자님들은 캐릭터성이 다소 떨어져도, 설명이 많아도 비교적 관대하게 봐주시니까요. (단, 대역 중에 전투가 없는 영지물이나 개발물, 정치물은 맞지 않습니다.)

만약 제가 역사를 좋아하지 않았다면 저의 글쓰기 스타일이 대체역사에 맞다는 것도 모른 채, 헌터물이나 판타지처럼 저와 맞지 않는 장르만 계속 쓰다가 포기했을 겁니다. "웹소설은 내 길이 아니었어. 대필 일이나 애니메이션 시나리오나 쓰자."라고 하면서요. 하지만 운 좋게도 대체역사로 시작했고, 그래서 지금까지 웹소설을 쓸 수 있었습니다.

이야기가 길어졌지만 제가 드리는 말씀은 간단합니다.
"여러분 자신을 알고 그에 맞는 장르 및 서브 장르를 고르세요. 그리고 자신의 장점이 부각되고 단점이 감춰지는 글을 쓰세요. 그러기 위해서는 캐릭터와 전개, 소재, 장르 등 모든 면에서 자신을 정확하게 파악해야 합니다."

100%가 아니어도 좋습니다. 대충이라도 나 자신에 대해서, 내가 쓰는 글에 대해서 알아야 합니다. 그러면

장르나 소재를 막연하게 골랐다가 실패할 확률을 줄일 수도 있고, 의외의 사실을 발견할 수도 있습니다. "어? 나 이런 사람이었어?"라고 말이죠.

2. 독자를 알아야 원하는 걸 줄 수 있다

독자는 무엇을 보고 싶어 하는가? 이것은 아주 중요한 질문입니다. 할리우드에서는 "관객이 원하는 걸 보여줘라. 단, 다른 방식으로."라는 말이 있을 정도입니다. 창작자인 내가 보여주고 싶은 걸 보여주려고 하지 말고 관객이 보고 싶어 하는 걸 보여주라는 말입니다.

몇 년 전, 문피아에 이혼물이 유행했습니다. 이혼물은 여성향에서 오랫동안 존재하던 장르였는데 남성향에서도 인기를 끈 것입니다. 독자님들 중엔 싫어하시는 분들도 계시지만 특히 문피아에서 초반 유입을 끌 수 있는 소재라는 건 분명했습니다. 저도 〈인생을 리메이크하는 천재 애니메이션 감독〉의 무료연재 기간 동안 유입을 끌기 위해 〈이혼 후 천재 애니메이션 재벌〉로 제목을 바꾼 적이 있습니다. 실제로 주인공이 이혼 후에 회귀하거든요. 덕분에 유입이 좀 들어오긴 했지만 이혼물을 싫어하는 분들의 악플과 하차 러시에 시달리기도 했습니다. 그러니까 이혼물 스킨을 씌우고 싶으면 처음부터 씌우세요. 이혼물이든 뭐든 중간에 방향성이 달라지면, 즉 드리프트가 발생하면 많은 독자분들이 분노하게 됩니다.

[이혼물 스킨을 씌우다]라는 표현은 이혼물의 껍데기(스킨)만 빌려서 쓴다는 뜻입니다. 즉 이혼물의 맛만 살짝 추가한다는 뜻입니다. 물론 다른 장르에도 해당됩니다. [TS물 스킨을 첨가했다.]처럼요.

문제는 독자들이 무엇을 보고 싶어 하는가입니다. 이것을 알아내는 것은 결코 쉽지 않습니다. 질문 자체가 어렵고 해답도 시시각각으로 변하고 있으며, 독자들마다 원하는 것이 제각각이기 때문입니다.

다행히 힌트가 세 개 있습니다. 첫째는 '장르'이고 둘째는 '키워드', 그리고 세 번째는 '시대정신'입니다.

첫째, '장르'는 여러분도 알고 독자들도 아는 좀비물, 코미디, 재벌물 등을 뜻합니다. 각각의 장르들이 가진 공식과 클리셰들은 우리에게 많은 힌트와 시사점을 줍니다. 단, 장르만으로는 불충분하며 서브 장르까지 파악해야 합니다. 같은 장르라도 하위 장르들의 세일즈 포인트와 소구점이 다르기 때문입니다. 예를 들어 〈블랙기업조선〉과 〈검은머리 미군 대원수〉는 '역사를 바꾼다'라는 대역 장르의 대전제를 공유하지만, 독자들에게 소구하는 포인트, 즉 재미의 방향성은 상당히 다릅니다.

둘째, '키워드'는 해시태그와 유사합니다. #회빙환 #후피집 #먼치킨 #사이버펑크 #아포칼립스 등에서 드러나듯이 장르도 키워드에 포함될 수 있습니다. 사람들은 떡볶이나 치킨의 맛을 잘 알고 있으며, 그 맛을 다시 맛보고 싶어서 식당에 가거나 배달앱으로 주문합니다. 새로운 맛을 기대하는 게 아니라 아는 맛을 맛깔나게 경험하길 원하죠. 웹소설 독자들도 마찬가지입니다. <u>작품의 키워드를 보거나 직접 읽어본 다음</u>, 그 재미를 계속 느낄 수 있을 거라고 '기대'하고 선작을 누릅니다. 이러한 기대를 배신하면 선작을 해제하고 떠납니다. 따라서 독자가 뭘 좋아하는지, 내 작품의 어떤 점을 즐기는지 늘 촉각을 곤두세워야 합니다.

여성향 독자들은 키워드를 활용하는 비율이 남성향보

다 높습니다. #현대극 #대형견공 #재벌남 #오메가버스 같은 키워드를 통해 작품을 찾거나 거르는 것이지요. 남성향 독자들은 제목과 작품소개를 빠르게 훑어은 다음 바로 읽기 시작하는 비율이 높은 편입니다.

셋째, '시대정신'은 지금 이 순간 독자들이 어떤 상태이고, 무엇을 원하고 있는가를 뜻합니다. 이 질문에 대해 피상적인 수준에서 답해보면 다음과 같습니다. "힘든 일상과 강한 스트레스, 높은 불안감과 낮은 자존감."

즉 한국 사람들은 편안한 일상과 스트레스 없는 삶, 불안하지 않은 삶, 자존감이 충만한 삶이 결핍되어 있으며 따라서 그러한 삶에 대한 열망이 강한 상태라고 할 수 있습니다. 어려서부터 경쟁과 비교에 시달리다 보니 성취욕구, 인정욕구, 성장욕구, 세계에 대한 통제욕구, 주인공이 되려는 욕구가 강합니다. 그렇게 되지 못하면 루저가 된다는 두려움과 스트레스도 심하고요.

독자들이 원하는 것은 니즈(Needs)와 원츠(Wants)로 나눌 수 있습니다. 니즈는 말 그대로 '필요한 것'이고, 원츠는 '원하는 것', 즉 욕망입니다. 웹소설의 니즈는 일상의 결핍을 해소하고 내면의 불안을 해소시켜 주는 화소(話素)들에 의해 해소됩니다. 웹소설의 원츠는 성취, 인정, 성장, 통제 등과 같이 현실에서 충족하기 어려운 욕망을 대리만족시켜줌으로써 충족되고요. 이러한 니즈와 원츠의 밑바닥에는 '오래 살아남아서 최대한 많은 DNA를 남겨야 한다'라는 본능이 진화심리학적 기제를 이루고 있습니다.

문카시노(문피아, 카카오페이지, 시리즈, 노벨피아)에 연재 중인 인기작들은 이러한 시대정신을 파악하고 독자들의 결핍과 욕구를 채워주고 있습니다. 여러분도 그래야 합니다. 대중의 결핍과 욕망을 해소해주는 서비스업자, 자영업자가 되어야 합니다. 그러면 독자들이 높은 조회수와 연독률, 추천수와 선작으로 보답해줄 겁니다. 틈날 때마다 플랫폼에 들어가서 트렌드와 분위기를 파악해야 하는 이유가 여기에 있습니다.

3. 뭘 쓰는지 알고 쓰자

독자들은 왜 내 작품을 볼까요? 왜 저 작품은 내 작품보다 열 배나 많은 사람들이 보는 걸까요? 그것을 아는 것이 바로 세일즈 포인트를 아는 것입니다. 내 작품의 세일즈 포인트를 알고 쓰는 것과 모르고 쓰는 것은 다릅니다. 작품이 잘되고 있다면 스스로 의식하지 못할 뿐, 이미 세일즈 포인트가 잘 작동되고 있을 확률이 높습니다.

세일즈 포인트, 즉 독자들이 왜 보는가를 파악하고 패턴화한 다음 반복해야 합니다. 내가 설렁탕집을 하는데 깍두기가 기가 막히게 맛있어서 사람들이 온다면, 무슨 일이 있어도 그 깍두기를 계속 내놔야 하는 것과 같습니다. "우리 식당은 너무 깍두기 원툴이야. 변화를 줘야겠어."라고 중얼거리며 깍두기 대신 배추김치를 내놓으면 안 됩니다. 맛집은 여러 가지를 하지 않습니다. 잘하는 거 하나만 합니다. 웹소설도 세일즈 포인트를 확실히 정한 다음 주구장창 반복해야 합니다.

웹소설은 "주인공이 특별한 능력으로 경이로운 활약을 펼치고, 그 결과 인정받고 사랑받고 권력을 얻는 이야기"라고 할 수 있습니다. 대부분의 인기 웹소설들이 이 틀에서 벗어나지 않습니다. 웹소설을 비판하는 이들이 "웹소설은 다 똑같다. 거기서 거기다."라고 하는 이유가 여기에 있습니다. 하지만 이 패턴에서 벗어나면 안 됩니다. "특별한 주인공이 경이로운 활약을 펼치는 패턴", "인정받고 사랑받고 관계역전하는 패턴"을 여러분의 방식으로 변주해서 반복해야 합니다.

지금까지 나 자신을 알고, 내 독자를 알고, 내 작품을 알아야 한다고 말씀드렸습니다. 즉 내 장단점을 알고, 내 독자가 원하는 것을 알고, 내 작품의 세일즈 포인트를 알아야 합니다. 그래야 장점과 강점을 돋보이게 하고 단점이 덜 드러나게 쓸 수 있으니까요. 실제로 많은 기성 작가들이 자신에게 꼭 맞는 장르와 소재, 전개를 찾아내서 그것만 계속 쓰고 있습니다. 반대로 장르나 스타일을 바꾸고 실패하는 작가도 많고요.

앞에서 말씀드렸듯이 저는 집단전투와 대규모 전쟁 묘사에 (그나마) 강점이 있습니다. 저 자신도 좋아하고 PD님들이나 독자분들도 좋다고 말해주십니다. 그렇다면 저는 헌터물도, 현판도, 대체역사도 제 장점이 부각되게 써야 하지 않을까요? 즉 전투 중심의 헌터물, 전쟁 중심의 대체역사물, 전쟁 중심의 판타지물을 쓰는 것입니다.

여러분도 나에게 꼭 맞는 나만의 장르와 소재, 전개, 세일즈 포인트를 찾아보세요. 그러면 같은 노력으로 더 나은 성적과 수입을 얻을 수 있을 겁니다.

> **진부하지만
> 영원한
> 세 개의
> 왕도(王道)**

다독(多讀), 다작(多作), 다상량(多商量)이라는 말을 들어 보셨을 겁니다. 많이 읽고, 많이 쓰고, 많이 생각하라는 말입니다. 식상하게 느껴지겠지만 기성 작가들은 전부 이걸 강조합니다. 아무리 좋은 팁도 이 세 가지 안에 포함되니까요. 그래서 지금부터 하나씩 짚어보겠습니다.

1. 다독(많이 읽음)해야 다독(독자가 많아짐) 된다

다독은 곧 인풋입니다. 앞에서 말씀드렸듯이 인풋은 다른 작품을 공부하고 연구하는 걸 뜻합니다. 때론 작품이 아니라 작가를 연구할 수도 있습니다. 좋아하는 작가를 롤모델로 삼는 거지요. 솔직히 저도 귀찮지만 최대한 많이 읽으려고 노력하고 있습니다. 감각을 유지하기 위해서입니다. 매일 읽고 매일 써야 글근육이 유지됩니다. 작품들과 작가들의 수준이 계속 우상향하고 있기 때문에 더욱 그렇습니다.

어떻게 인풋을 해야 하는가에 대한 의견 차이로 싸우는 경우가 많습니다. 저는 어떤 방법도 무방하다고 생각합니다. 사람은 모두 다르니까요. 예를 들어 "필사는 하지 말라!"고 하는 분들이 많습니다. 물론 필사가 시간 대비 효율적인 방법은 아니지만 누군가에게는 특효약일 수도 있습니다. 특히 웹소에 대해 전혀 감을 못 잡고 계시거나 웹소식 전개와 서술을 너무 모르시는 경우에는요. 뭐든지 시도해 보고 나서 꼭 맞는 방법을 찾으면 되지 않을까요?

[필사]는 다른 사람의 소설을 그대로 베껴 쓰는 것을 뜻합니다.

"바둑이 가장 빨리 느는 방법은 50개의 기보를 통째로 외우는 것이다."라는 말이 있습니다. 이처럼 어느 분야나 고수를 모방하는 것만큼 효과적인 학습법은 많지 않습니다. 초보 단계에서는 더욱 그러합니다. 초보 작가들의 작품을 보면 어딘가 허술하고 부자연스러운 느낌을 받을 때가 많습니다. 문장력뿐만 아니라 총체적인 문제가 원인입니다. 이런 경우 다독, 다작, 다상량이 정답이지만 잘 쓴 작품을 베껴 쓰는 것도 좋은 수련법이 될 수 있습니다. 단, 너무 지루하거나 자신에게 맞지 않다고 생각되면 바로 중단하세요. 다른 방식으로 연습하는 경우도 마찬가지입니다. 모두에게 적용되는 만병통치약은 없습니다. 체질에 따라 약이 독이 될 수도, 독이 약이 될 수도 있습니다. 나만의 방식을 찾는 게 중요합니다.

다독에는 두 가지가 있습니다. '여러 작품을 빠르게 읽기'와 '한 작품을 여러 번 읽기'입니다. 물론 둘 다 장단점이 있습니다. 공통점은 세일즈 포인트를 알아내야 한다는 점입니다. 작가가 의도한 핵심 재미는 무엇인가? 독자는 왜 이 작품을 읽는가? 특정 구간의 연독률이 좋거나 나쁜 이유는 무엇인가? 이 모두가 세일즈 포인트와 관련된 질문입니다.

한 작품을 여러 번 읽을 때는 생각을 하며 의식적으로 읽어야 합니다. 이 작가는 왜 이렇게 썼을까? 나라면 어떻게 썼을까? 독자들의 반응은 어떨까? 등을 생각하며 읽어보세요. 작품의 세일즈 포인트를 파악하고 대사와 캐릭터를 씹고 뜯고 즐기고 맛보는 것이 핵심입니다. 이때 뼈대, 즉 줄거리를 뽑아내서 내 방식대로 써보는 것도 좋습니다. 즉 남의 작품에서 줄거리를 뽑아낸 후, 그 줄거리를 가지고 내 방식대로 써보는 겁니다. 화석을 바탕으로 복원한 공룡의 모습이 시대에 따라 달라져 왔듯이 같은 줄거리를 가지고 쓴 글도 스타일과 퀄리티가 크게 달라집니다. 이렇게 쌓인 지식과 노하우는 내 작품을 쓸 때 저절로 우러나오게 됩니다. 창조성과 창의성은 무(無)에서 유(有)를 창조하는 게 아니라, 알고 있는 것들을 다른 방식으로 연결하는 데서 나오는 거니까요.

작품을 읽을 때는 좋아하는 작품을 선택하세요. 좋아하지도 않는 작품을 여러 번 읽는 건 엄청난 고역이니까요. 본인의 취향이 어지간히 마이너하지 않은 이상 좋아하는 장르만 읽을 시간도 부족합니다.

반대로 '여러 작품을 가볍게(빠르게) 읽는 것'은 문피아 투베 1페이지 작품들, 노벨피아 밀리언 노벨들, 시리즈 베스트랭킹 작품들, 카카오페이지 밀폐작(밀리언페이지) 등을 위주로 빠르게 읽어보는 것입니다.

한 작품을 깊이 읽든 여러 작품을 빠르게 읽든, 훌륭한 작품들을 접하다 보면 '내글구려병'에 걸릴 수도 있습니다.

[내글구려병(病)]은 갑자기 내 글이 너무 재미없어 보이는 질병(?)을 말합니다. 반대말은 [내글쩔어병]이고요. '지속 가능한 글먹생활'을 위해서는 두 질병 모두 이겨내야겠죠?

콘텐츠는 퀄리티가 다소 떨어져도 자신만의 매력이 확실하면 됩니다. 독자들은 우리 작품이 완벽해서 보는 게 아니라, 취향에 맞고 마음에 드는 부분이 있어서 보는 거니까요. 그렇게 내 작품을 좋아해 주시는 독자님들을 위해 쓰면 됩니다. 내 작품에 기꺼이 지갑을 여는 분들은 그런 분들이니까요.

2. 다작(多作) 해야 대작(大作) 쓴다

지금까지 웹소설을 쓰기 위한 준비 과정에 대해 자세히 말씀드렸는데요, 그것들이 전부 준비되지 않아도 좋으니 일단 써보세요. 쓰면서 생각해도 늦지 않습니다.

설정(놀음)만 하며 시간 보내지 말라는 뜻입니다. 마음에 들 때까지 완벽하게 설정하겠다는 생각을 버리세요. 설정은 어느 정도 비어 있어야 합니다. 쓰다 보면 더 좋은 생각이 나니까요. 쓰다가 뒤집어 엎는 경우도 비일비재합니다. 설정이 너무 빡빡하면 글이 딱딱해지고 무거워지기 쉽습니다. 스토리와 캐릭터를 위한 설정이 스토리와 캐릭터를 옥죄는 격입니다.

어쨌든 무슨 일이 있어도 하루 한 편씩 쓴다고 생각하세요. 하루 한 편씩 매일 쓸 수 없다면 웹소설 작가가 되기는 어렵습니다. 냉정하게 말씀드려서 그렇습니다. 주 5일 연재인 경우는 좀 낫지만 예측 불가능한 일은 항상 일어나는 법입니다. 물론 2빡, 3빡씩 할 수 있으면 더 좋겠지만 오랜 기간 꾸준히 다작하는 건 매우 힘든 일입니다. 그러니 남들이 2빡, 3빡 한다고 주눅 들거나 열등감 느낄 필요 없습니다. 단, 하루에 1빡도 못하는 건 안 됩니다.

1빡, 2빡, 3빡은 한 편, 두 편, 세 편을 썼다는 말입니다.

실패를 두려워하지 말고 일단 쓰세요. 특히 신작을 시

작할 때 고민만 하다가, 설정만 하다가 시간을 보내는 경우가 많습니다. 저도 종종 그러고요. 기성 작가들도 신작을 쓰고 연재할 때마다 엄청난 부담감을 느끼거든요. 그래도 시작해야 합니다. 쓰면서 수정하고 다시 쓰면 됩니다. 1~5화는 특히 중요하니까 1차로 써본 다음 수정해서 다시 쓰고, 그걸 다시 수정하는 과정을 거치는 게 좋습니다. 물론 연재를 시작하기 전에요. 1~5화의 중요성은 아무리 강조해도 지나치지 않습니다.

그렇게 열심히 준비하고 시작해도 작품에 따라 짧게는 15화, 길게는 30화 무렵에 연중하는 경우가 종종 발생합니다. 연중하는 이유는 여러 가지지만 가장 많은 건 역시 성적 부진이죠. 중요한 건 연중한 다음입니다. 좌절하지 말고 새 작품을 시작하세요. 실패를 수업료라고 생각하세요. 모든 것이 성공을 위한 과정, 즉 레벨업의 과정입니다. 적어도 자영업자처럼 인테리어 비용을 날리진 않잖아요?

3. 다상량 : 나는 생각한다, 그러므로 웹소작가다

애니메이션 시나리오 작가로 일할 때 어느 감독님이 이렇게 말했습니다. "길거리를 지나는 사람은 생각해낼 수 없는 전개와 아이디어가 필요합니다." '거리를 걸어가는 사람도 할 수 있는 생각'이란 누구나 생각할 수 있는 얕은 수준의 아이디어를 뜻합니다. 프로 작가나 감독도 깊이 생각하지 않으면 일반인과 다를 바 없습니다. 어디서 많이 본 생각, 클리셰 그 자체인 아이디어, 뻔한 전개밖에 떠올리지 못합니다. 픽사 아티스트들이 "처음 떠오른 아이디어는 버려라."라고 말하는 이유가 여기에 있습니다. 중요한 것은 그 다음입니다. 더 좋은 아이디어를 내기 위해 깊이 생각해야 합니다. 물론 처음에는 잘 생각나지 않죠. 나올 때까지 물고 늘어져야 합니다. 그래야만 '길거리를 지나가는 사람은 절대로 생각할 수 없는' 아이디어가 튀어나옵니다.

 물론 매일 1빵을 해야 하는 웹소설 작가에겐 사치스러운 이야기일 수 있습니다. 거리를 지나가는 사람은 고사하고 '개나 소나' 낼 법한 아이디어라도 감지덕지인 경우가 많습니다. 그래서 신박한 아이디어보다는 기대감을 유지하는 것에 중점을 두는 게 좋습니다. 독자들도 뇌절이나 드리프트 안 하고, 기대감 유지만 되어도 웬만하면 다음 화를 결제하니까요.

그럼에도 불구하고 다상량은 중요합니다. 다독과 다작만으로는 실력 향상에 한게가 있기 때문입니다. 미국의 어느 백만장자는 이렇게 말했습니다. "많은 사람들이 열심히 일하지만 자기 발전을 위해서 노력하는 사람은 생각보다 많지 않다. 단지 열심히 일하기만 해서는 가난을 벗어나기 어렵다. 자신의 가치와 실력을 키워야 한다."라고요. 웹소설도 마찬가지입니다. 우리가 더 잘 쓰지 못하는 이유는 우리 내면의 '벽' 때문입니다. 이 벽은 우리 자신의 성격과 경험, 사고방식 등에 의해 세워진 것입니다. 그래서 부수기는커녕 그 벽의 실체를 인지하는 것조차 쉽지 않습니다.

이 벽을 깰 수 있는 것은 깊은 생각과 몰입뿐입니다. '어떻게 해야 벽을 넘을 수 있을까?' 하고 항상 생각해야 합니다. '어떻게 해야 5천 전환 작가가 될 수 있을까? 내가 5천 전환 작가가 못 되는 이유가 뭘까? 얼마 전에 5천 전환한 작가와 나의 차이는 무엇일까?'라고 계속 생각하는 거지요.

안정적이고 효과적인 웹소설 쓰기의 4단계

지금부터 '구상하기-구성하기-집필하기-퇴고하기'로 구성된 '웹소설 집필 4단계'에 대해 말씀드리겠습니다. 본격적인 이야기를 하기 전에 말씀드릴 게 있습니다. "생각하기와 글쓰기를 분리하라!"는 것이 바로 그것입니다. 초보 작가는 생각하기와 글쓰기를 같이 하면 안 됩니다. 더 어렵게 느껴지고 헷갈리니까요. (사실 베테랑 작가도 마찬가집니다.) 아래에서 다시 말씀드리겠지만 구상과 구성을 먼저 해야 합니다. 에피소드나 각 화의 한줄 요약(로그라인)을 뽑아낸 뒤 시놉시스로 발전시키고, 구성이나 연출까지 어느 정도 한 다음에 쓰기 시작해야 합니다.

지금부터 '웹소설 집필 4단계'에 대해 하나씩 말씀드리겠습니다.

1단계 : 구상하기

이야기의 이정표, 마일스톤을 세워라

작품 전체를 구상할 때 염두에 두면 좋은 말이 있습니다. "내가 보고 싶은 걸 쓰자." 내가 보고 싶은 작품이 없어서, 내 마음에 꼭 드는 작품이 없으니 걍 내가 쓴다는 마인드셋이 은근히 도움이 됩니다. 독자를 만족시키기 위해 작가인 우리 자신을 먼저 만족시켜야 하니까요. 내가 재미있다고 느껴지는 것을 쓰는 것, 이것이 창작의 기본입니다. 많은 작가님들이 (명)장면을 상상하고 그 사이를 채운다는 느낌으로 씁니다. 즉 스토리나 전개를 언어적으로 생각하는 게 아니라 중간 지점에서 발생할 수 있는 '장면(scene)' 위주로 상상하는 것입니다.

주인공이 모두의 인정을 받는 순간, 거대한 적을 무찌르는 순간, 히로인이 주인공에게 반하는 순간처럼 즐겁고 장엄하고 감동적인 순간을 상상해 보세요. 물론 위기 장면, 클라이맥스 장면, 모든 것이 끝난 뒤의 모습 등을 상상해도 됩니다. 이러한 (명)장면들은 작품의 이정표이자 마일스톤이 되어줍니다. 마일스톤은 1마일마다 놓인 표지석 또는 도로표지판을 뜻하는데요, 감정을 움직이는 중요한 장면들이 작품의 길잡이 역할을 해주기 때문에 마일스톤이라고 부르는 것입니다. (공식적인 용어는 아닙니다.)

몇 년 전에 〈기갑군주 이성계〉를 쓸 때, 제 머릿속에서는 이성계가 몽골제국의 8백만 대군 앞에서 "나와라 카라 쥬르켄!"이라고 외치는 장면이 계속 박혀 있었습니다. 스포일러를 무릅쓰고 말씀드리면 약소국 고려의 시골 무사 이성계가 세계관 최강자들에게 자신의 정체를 당당히 드러내는 장면이었습니다. 칭기스칸의 기갑기이자 세계관 최강의 기갑기 카라 쥬르켄(몽골어로 검은 심장)의 계약자가 바로 자기 자신이라고요. 저에게는 너무 멋지고 가슴 벅찬 장면이었기에 그 장면을 쓰기 위해 작품의 전반부를 썼다고 해도 과언이 아니었습니다. 마일스톤(이정표) 역할을 톡톡히 해준 셈이죠.

마일스톤을 정한 다음 역산하라

'명장면 마일스톤'들이 많이 만들어졌으면 그것들을

연결해줄 차례입니다. 이때 중요한 것이 역산하는 것입니다. 처음부터 구상하는 게 아니라 클라이맥스나 마지막을 먼저 생각한 다음 앞으로 거슬러 올라가는 거죠. 아마 많이 들어보셨을 겁니다. 작품 전체에 적용되는 큰 목표나 최종 모습을 생각하고, 그 목표를 이루기 위한 중간 목표들을 설정한 다음, 각각의 에피소드에 적용되는 작은 목표들을 설계하는 것입니다. 어려워 보이지만 명장면 위주로 마일스톤들을 깔아놓으면 그렇게 어렵지 않습니다. 생각보다 재미도 있고요.

독자가 웹소설을 읽을 땐 작은 목표를 이루기 위한 주인공의 행동을 먼저 접하게 됩니다. 그런 작은 목표들이 모여서 중간 목표를 달성하고, 중간 목표들이 모여서 작품 전체를 관통하는 장기 목표를 달성하게 되지요. 하지만 작가도 그렇게 순서대로 구상하면 목적지를 모르는 상태에서 앞으로 달려가는 듯한 상태가 됩니다. 앞으로 주인공이 어떻게 될지, 이야기가 어디로 될지 모르는 상태로 쓰는 셈이죠. 독자들이야 좋겠지만 작가에게는 위험합니다. 뭘 쓸지 막막해질 가능성도 높고 뇌절을 칠 수도 있으니까요. (경험담입니다)

하지만 마일스톤들이 있으면 '저 마일스톤을 달성하기

위해(저 장면까지 가기 위해) 뭐가 필요하지?'라고 거꾸로 생각하게 됩니다. 즉 에피소드나 장면의 의도/목적을 스토리/플롯보다 먼저 생각하는 겁니다. 그러면 모든 것이 그 장면으로 가기 위한 과정으로 채워집니다. 주인공이 하는 모든 행동과 대사가 일관성과 목적성을 갖게 되고요.

이렇게 되면 어떻게 될까요? 글에 군더더기가 줄어들고 속도감이 높아집니다. 쓰는 사람도 편하고 읽는 사람도 흥미진진해지지요. 이러한 과정 없이 무턱대고 타이핑부터 시작하는 경우보다 모든 면에서 나아집니다. 다 좋은데 쓰는 시간이 늘어나는 거 아니냐고요? 그렇지 않습니다. 오히려 시간이 줄어듭니다. 속는 셈치고 한 번 해보세요. 익숙해지기만 하면 큰 도움이 될 거예요.

작품 전체 구상과 캐릭터 구상

작품을 시작하기 전에 우선 작품 전체를 구상해야 합니다. 물론 쓰기도 전에 마지막을 구상하긴 어렵지만 러프하게라도 정해두는 게 좋습니다. 나중에 얼마든지 수정해도 되니까요.

작품 전체의 키워드와 컨셉, 주인공과 주요 캐릭터들의 키워드도 정해두세요. 악역이나 중요 몬스터의 키워드도 좋고요. 이렇게 키워드를 정해서 반복해야 독자들에게 캐릭터를 각인시킬 수 있습니다.

작품을 구상할 때는 '내가 잘 쓰는 것과 내가 쓰고 싶은 것', 그리고 '독자들이 보고 싶어 하는 것'이 모두 일치하는 장르와 소재를 선택해야 합니다.

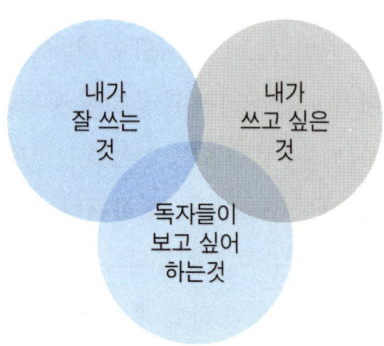

또한 200화 넘게 끌고 갈 수 있는 소재인지도 확인해야 합니다. 소재나 아이디어는 좋지만 아무리 생각해도 50화를 넘기 힘들 것 같으면 심각하게 고민해봐야 합니다.

에피소드 구상

작품 전체의 구상이 어느 정도 되었으면 초반 에피소드를 구상할 차례입니다. 이때도 스토리가 아니라 장면을 구상하는 것이 좋습니다. 독자도 웹소설을 읽으며 장면으로 상상하니까요. 텍스트로 상상하는 변태(?)는 거의 없습니다. 따라서 작가가 쓸 때도 장면으로 생각하고 쓰는 게 여러모로 자연스럽죠. 실제로 많은 작가들이 이렇게 하고 있고요.

에피소드의 목적과 의도가 정해졌다면, 그와 관련된 상상과 몰입을 통해 (명)장면을 생각하고, 그 장면들을 마일스톤 삼아서 역산하며 에피소드의 구조와 내용을 잡아나가면 되는 것입니다.

몇 번이나 말씀드렸지만 웹소설은 1화에서 5화까지가 가장 중요합니다. 5화까지가 괜찮으면 관성이 생겨서 독자들이 계속 따라옵니다. 물론 5화 이후에도 마음에 안 들면 나가버리지만 5화 이내에 독자를 사로잡으면 그 비율을 줄일 수 있습니다. 많은 작가들이 1화에서 5화까지를 여러 번 수정하는 이유가 여기에 있습니다. 물론 15화, 30화, 60화 등에서도 어려움이 계속 찾아옵니다. 화수가 쌓일수록 힘들어하거나 삐끗하는 작가도 많고요. 각각의 구간에서 이탈률을 줄이고 연독률을 사수하는 것, 이것이 진짜 노하우이고 실력입니다. 직접 깨져가며 배울 수밖에 없습니다.

매 화의 구상

에피소드의 구상이 끝나면 각 화에 들어갈 내용을 구상합니다. 하나의 에피소드는 (5,500자로 구성된) 화수가 1개에서 많게는 수십 개가 모여서 이루어집니다. 대개의 경우 2~3개에서 10개 이하로 구성되는데, 날이 갈수록 에피소드를 이루는 화수가 줄어드는 추세입니다. 이것을 '에피소드의 호흡이 짧아졌다.'라고 합니다. 당연히 세상과 독자들의 호흡이 짧아져서 그런 거지요. 틱톡과 쇼츠의 시대에 긴 에피소드는 지루하게 느껴질 가능성이 높으니까요. 각각의 화수는 다음과 같이 세 부분으로 나눌 수 있습니다. (단, 분량은 유동적입니다.)

초반 (도입부)	중반 (핵심 내용)	후반 (후킹 및 기대감 부여)
앞 화에서 연결됨. 설명이나 지루한 부분이 들어가도 (그나마) 괜찮은 구간.	이 부분에서 '뭔가 내용이 있네.', '잘 봤다.'는 만족감을 줘야 하는 구간.	다음 편을 보고 싶다는 기분이 들게 만드는 구간.
대략 1천 자까지	대략 1천~4천 자 사이	대략 4천 자 이후

웹소설 관련 팁글이나 작법서를 보면 매 화를 기승전결이 아니라 승전결기로 끝내라고 말합니다. 이야기가

흥미진진하게 진행되는 느낌을 줄 때 끊으라는 뜻입니다. 이런 것도 직접 연재하며 깨우쳐야 합니다. 중요한 것은 한 화 안에도 구조와 흐름, 변화가 있어야 한다는 것입니다.

이상적으로 들리실지 모르겠지만 매 에피소드, 매 화, 매 장면(scene)마다 감정적인 요소가 하나 이상 들어가야 합니다. 기쁨, 슬픔, 경탄, 뿡참, 신남, 분노, 설레임 등등, 무엇이든 좋으니 독자의 마음을 움직이는 장면이나 행동, 대사가 하나라도 들어가 있는지 확인하세요. 사랑받는 노래들은 대부분 귀에 꽂히는 부분, 심쿵하는 부분이 있잖아요? 웹소설도 똑같습니다. 감정의 진폭이 크지 않아도 됩니다. "우와!!!"가 아니라 "흐음.", "호오?" 정도도 괜찮습니다.

독자들은 항상 개쩌는 스토리와 필력 차력쇼, 매력적인 캐릭터를 보고 싶다고 말합니다. 하지만 진정으로 원하는 것은 그 모든 요소들을 통해 발생하는 감정 그 자체입니다. 스토리와 필력, 캐릭터 등은 재미를 만들어내기 위한 도구일 뿐이고, 그 재미를 판단하는 건 감정이기 때문입니다.

2단계 : 구성하기

재미의 공식 : 기대감과 불확실성의 심리학

독자는 수동적인 존재라고 생각하기 쉽습니다. 하지만 웹소설 독자들은 상당히 적극적인 편입니다. 그 이유 중에 하나인 '텍스트로 장면 및 세계관 상상하기'에 대해서는 이미 말씀드린 바 있습니다. 영화나 드라마, 애니메이션은 크리에이터들이 창조한 시각적 세계를 받아들이기만 해도 되지만, 텍스트밖에 없는 웹소설은 독자 스스로가 장면을 창조해야 한다는 이야기였습니다. 그래야 마음의 눈으로 볼 수 있으니까요.

이번에는 웹소설 독자들이 "예상 모델을 수립한다."는 측면에서 말씀드리고자 합니다. 인간은 무의식적으로 예측 모델 수립하고 검증합니다. 깨어 있는 동안에는 거의 항상 벌어지는 일입니다. 뇌는 예측하는 기계니까요. 그래서 〈월E〉, 〈니모를 찾아서〉 등의 픽사 애니메이션의 스토리를 담당했던 앤드류 스탠튼은 이렇게 말했습니다.

"이야기는 불확실성으로 뒤섞인 예측이다. (Drama is anticipation mingled with uncertainty.)"

(정확히는 그가 말한 게 아니라 다른 사람의 말을 재인용한 것입니다.)

앤드류 스탠튼이 말하고자 하는 것은 불확실성을 통해 전개를 궁금하게 만들라는 것입니다. 그러면 독자들의 머릿속에 예측 모델이 거의 본능적으로 만들어질 테고, 이 모델이 맞았는지 틀렸는지 알아내기 위해서 뇌가 도파민을 분비할 것이기 때문입니다. 그러면 결과가 나올 때까지 독자들이 이야기에 집중하게 됩니다. "와 재밌다! 도저히 손에서 놓을 수가 없어! 계속 보고 싶어!"라고 외치면서 말이죠. 이것이 바로 재미의 핵심 중 하나입니다.

기대감, 호기심, 긴장감 : 독자를 사로잡는 3요소

이것은 웹소설 작법에서 지겨울 정도로 강조하는 '기대감 부여'와 같은 맥락입니다. 제가 '구성하기' 파트에서 이 말씀을 드리는 이유는 간단합니다. "독자들에게 충분한 정보를 줘서 예상하게 하고, 정보를 제한함으로써 궁금하게 만들어야 한다."는 말씀을 드리기 위해서입니다. '예상하게 한다'는 '예측 모델을 생성하게 한다'와 같은 말입니다. 정보를 충분히 제공하면서도 정보를 제한하라니, 이게 무슨 말장난인가 싶으시겠지만 그렇게 어렵거나 복잡한 이야기는 아닙니다. 예를 들어 거대 몬스터가 즉사기를 가진 주인공 앞에 등장했습니다. 독자들은 주인공이 이길 수 있다는 걸 압니다. 하지만 혹시 이길 수 없을지도 모른다거나, 예상치 못한 일이 생길지도 모른다는 무의식적인 예측을 합니다. 정보를 충분히 주는 것과 정보를 제한하는 것이 동시에 이루어진 셈입니다. 주인공이 몬스터를 즉사시킬 거라는 기대감도 생겼고, 어떻게 될지 알고 싶은 호기심도 생겼으니까요.

"이야, 그림 좋네!"라며 등장하는 양아치 씬이 욕먹는 이유는 뻔하고 식상하다는 것도 있지만, 주인공이 질지도 모른다는 생각이 전혀 들지 않기 때문입니다. 기대감과 궁금증, 긴장감 모두 발생하지 않기 때문에 지겨운 느낌을 받습니다. 물론 반전을 줘서 주인공이 양아치들에게 당할 수도 있겠죠. 하지만 그런 짓을 했다간 독자님들이 출근길 신도림역 승객들처럼 우루루 빠져나가 버릴 겁니다.

기대감과 호기심(궁금증)에 더해서 긴장감까지 만들어 주면 금상첨화입니다. 〈게임 속 바바리안이 되었다〉의 초반부에 전사들의 이름을 하나씩 호명하는 유명한 장면이 있습니다. 이때 주인공은 명석한 두뇌로 절체절명의 순간을 벗어납니다. 이처럼 주인공이 묘수를 떠올리는 과정에서 기대감이 만들어지고, 어떻게 전개될지 모른다는 점에서 호기심이, 빙의자임을 들키면 죽는다는 점에서 긴장감이 만들어집니다. 기대감과 호기심과 긴장감이 동시에 만들어진 것입니다.

〈게임 속 바바리안이 되었다〉는 큰 인기와 화제를 모은 명작입니다. 이 작품은 긴장감을 특히 잘 다루었는데요, 저는 평작과 명작을 가르는 기준이 긴장감의 유무에 있다고 생각합니다. 다만 긴장감을 잘못 다루면 독자에게 불편함과 불안함을 줄 수 있으니 조심해야 합니다. 자신이 없으면 기대감과 만족감만 퍼주는 것도 좋은 전략입니다.

독자가 하차하는 '마이너스' 전개 피하는 법

마지막으로 구성의 원칙 중 '변화에 대한 긍정적 예상'에 대해 간단히 말씀드리겠습니다.

변화에 대한 긍정적 예상이란 "재미있겠는데? 재미있는 일이 일어나겠는데?"라는 예측을 뜻합니다. 이러한 예측은 의식적일 수도 있고 무의식적일 수도 있습니다. 핵심은 "변화"입니다. 인간의 뇌는 변화를 갈구합니다.

변화가 없으면 스스로 변화를 만들어내려고 하는 게 인간의 뇌입니다. 그래서 앤드류 스탠튼은 이렇게 말했습니다. "스토리에 변화가 없으면 그 스토리는 죽는다. 왜냐하면 인생은 변화무쌍하기 때문이다.(If things go static, stories die. Because life is never static.)"

웹소설을 구성할 때도 마찬가지입니다. 한 화의 배경이나 씬을 최소 한 번 이상 바꿔주는 게 좋습니다. 사건이 한 곳에서만 진행되면 독자들은 지루함을 느끼니까요. 기성 작가들은 이것을 경험적으로 알고 있습니다. 그래서 정 안되면 회상씬이라도 넣어서 시점이나 배경에 변화를 주려고 합니다. (단, 웹소설에서는 회상씬 사용을 조심해야 합니다. 독자들이 흐름이 깨진다고 느낄 수 있기 때문입니다.)

어쨌든 주인공을 둘러싸고 무언가가 변화하고 있다는 느낌, 더 좋은 건 뭔가가 진행되고 있다는 느낌, 주인공이 답답한 상황을 타개하고 결착을 지을 거라는 느낌, 다음 스테이지로 넘어가는 느낌, 계속 진행되는 느낌 등을 줘야 합니다. 이때 주인공은 항상 좋은 방향으로, 그래프로 치면 계속 우상향해야 하고요.

이와 관련된 유명한 이야기가 있습니다. 일본의 유명 만화가가 한 말인데요, "주인공은 항상 +(플러스)로 진행해야 한다."가 바로 그것입니다. 주인공이 처음부터 감옥에서 시작하는 건 좋지만 중간에 감옥으로 떨어뜨리면 안 된다는 뜻입니다. 감옥에 떨어지는 것은 -(마이너스)니까요. 주인공이 어떤 이유에서라도 감옥에 갇힌다면, 감옥에서 탈출해봤자 이전과 똑같은 상태로 돌아갈 뿐입니다. 플러스 마이너스가 상쇄되어 제로(0)가 되는 셈이죠. 특히 웹소설 독자들은 이런 걸 좋아하지 않습니다. 주인공이 함정에 빠지거나, 억울한 일을 당하거나, 해결책이 없는 위험에 빠지거나, 패닉에 빠지게 만들지 말아야 합니다. 작가는 해결 방법과 반전을 알지만 독자들은 모르기 때문에 큰 스트레스를 받습니다.

어쩔 수 없이 이런 장면이 들어가더라도 한 화 내에 해결하세요. 절단신공이랍시고 도중에 끊어버리면 연독률과 선작수가 절단나 있을 겁니다. 주인공이 비참하고 무시당하고 고통받는 것은 첫 화만으로 충분합니다. 웹소설 독자는 소설 속 인물들에 대한 정보우위를 유지하고 싶어 하며 스트레스를 싫어하니까요. "고구마를 줄 땐 목이 메지 않는 물고구마를 주고, 사이다와 같이 주어라."라는 말이 이래서 나왔습니다. 물고구마를 주라는 말은 독자에게 지나친 스트레스를 주지 말라는 뜻이고, 사이다를 같이 주라는 말은 긴장감만 주지 말고 기대감과 호기심을 같이 주라는 뜻입니다.

3단계 : 타이핑하기(집필하기)

글쓰기는 글을 쓰기 전에 끝나 있어야 한다

글쓰기는 웹소설 쓰기의 마지막 단계에 불과합니다. 제가 책쓰기/글쓰기 강의 때마다 말씀드리는 것이 있습니다. "글쓰기는 글을 쓰기 전에 끝나 있어야 합니다." 이게 무슨 말이냐고요? 혼자서 또는 동료들과 브레인스토밍을 하고, 방향을 설정한 뒤 개요를 잡고, 구체적인 내용을 구상해서 마무리까지 구성하는 것이 글쓰기의 핵심이라는 뜻입니다. 키보드를 두드려서 글을 쓰는 건 그것들을 옮겨 쓰는 최종 절차일 뿐입니다.

물론 쓰면서 생각하는 작가들이 없는 건 아닙니다. 일단 쓰면서 집중하는 경우입니다. 뭐라도 쓰다 보면 집중이 되고, 손가락을 움직이며 생각하는 걸 선호할 수도 있으니까요. 실제로 쓰는 과정에서 더 좋은 아이디어가 나오거나 방향이 바뀌는 경우도 많습니다. 그러나 초안을 빠르게 쓴 다음 한꺼번에 퇴고해야 가장 안정적이고 빠르게 쓸 수 있습니다. 키보드를 두드리는 것은 스토리의 구상과 구성이 다 끝난 다음, 그것을 문자로 새기는 과정이라고 생각하는 게 좋습니다. 여러분이 만약 쓰면서 생각하는 타입이라면, 우선 러프하게 쓰면서 아이디어를 뽑아낸 다음(=브레인스토밍과 구상을 한 다음) 그걸 바탕으로 구성을 한 뒤 처음부터 다시 쓰는 게 좋습니다. 왜 굳이 두 번 하냐고 생각하실 수도 있지만 이게 오히려 더 빠릅니다. 게다가 쓰면서 생각하는 타입의 최대 단점인 '작품이(전개가) 산으로 가는 것'을 막아주는 효과도 있습니다.

다시 말씀드리지만 구상과 구성을 통해 쓸 내용을 정하고, 그 내용을 러프하게 휘리릭 갈겨 써야 시간이 가장 적게 걸립니다. 쓰는 속도가 빠르고 다작을 하시는 작가님들은 대부분 이렇게 하고 계십니다. 그런데도 타이핑을 하면서 구상과 구성을 하고, 심지어 퇴고까지 같이하는 분들이 생각보다 많습니다. 마음이 급하거나 잘 모르니까 일단 쓰기 시작하는 거죠. 이제는 그러지 마세요. 구상과 구성, 집필과 퇴고를 분리해서 차근차근 진행하세요. 한꺼번에 쓸 때보다 퀄리티도 올라갑니다. 처음에는 귀찮고 답답하겠지만 시간이 지나면 느끼실 겁니다. 이 방법이 훨씬 효율적이고 안정적이라고요.

물론 수백 수천 편의 웹소설을 읽어서 머릿속에 '웹소설다운' 구조가 자리잡은 분들은 구상이나 구성 없이 바로 쓰기도 합니다. 가끔 "난 그냥 쓰는데?"라고 하는 작가님들이 바로 그런 경우입니다. 계산을 안하는 게 아니라 남들이 손으로 쓰면서 하는 계산을 암산으로 더 빨리 해내는 케이스인 것입니다. 하지만 우리는 아닙니다. 급할수록 구상하기와 구성하기를 빼먹으면 안 됩니다. 안 그러면 50화가 되기도 전에 막히거나 헤맬 가능성이 크게 증가합니다. 웹소설은 최소한 몇 달, 길게는 몇 년 동안 계속 써야 하는 초장편 대하소설이니까요.

몰입하게 하는 문장이 최고의 문장이다

앞에서 말씀드렸듯이 인간의 뇌는 텍스트를 설계도 삼아 가상의 세계를 창조합니다. 독자는 그 세계에서 주인공이 되어 모험하고, 여행하고, 희노애락을 겪습니다. 웹소설의 모든 문장은 그것을 위해 작동해야 합니다. 독자가 문장 자체를 의식하게 하지 마세요. 문장은 달을 가리키는 손가락이고 가상현실 게임을 동작시키는 코드 덩어리입니다. 독자들이 오타나 비문을 싫어하는 이유는 그걸 인지한 순간 작품 속 세계에서 현실로 돌아오기 때문입니다. 딴생각을 하며 운전하다가 과속방지턱이나 돌부리에 걸려 덜컹! 하는 순간 현실로 돌아오는 것처럼요.

내가 지금 소설을 읽고 있다는 생각이 안 나게 해주는 문장이 최고의 문장입니다. 영화 〈매트릭스〉의 주인공 네오는 매트릭스를 구성하는 코드, 즉 0과 1을 볼 수 있습니다. 웹소설로 치면 낱말과 단어인 셈이죠. 하지만 쾌락을 추구하는 '사이퍼'는 스테이크를 먹으며 이렇게 말합니다. "나도 알아, 이게 가짜라는 거. 내가 이걸 입에 넣으면, 매트릭스가 내 뇌에 이게 맛있고 육즙이 많다는 신호를 보내주지. (중략) 모르는 게 약이야." 매트릭스 세계를 구성하는 0과 1, 매트릭스 세계가 허구라는 사실 모두 알고 싶지 않다는 뜻입니다. 여기서 수많은 0과 1은 웹소설의 단어와 문장들을 뜻하고, 매트릭스가 허구라는 깨달음은 웹소설 속 세계가 허구라는 깨달음에 대응됩니다. 사이퍼가 매트릭스의 진실에 눈감고 싶어 했듯이 웹소설 독자들도 소설 속 세계가 허구라는 걸 알고 싶어 하지 않습니다. 오타 없는 문장, 걸리는 게 없이 술술 넘어가는 문장만이 그것을 가능하게 해줍니다.

독자가 '아무 생각 없이' 읽을 수 있는 작품을 쓰는 게

굉장히 어려운 것처럼, 텍스트를 읽고 있다는 생각이 안 들 정도로 매끄러운 문장을 쓰는 것도 결코 쉽지 않습니다. 이렇게 되기 위해서는 많이 써봐야 합니다. 문장을 잘 쓰는 게 글쓰기의 재능이라고 착각하기 쉬운데 문장이야말로 노력의 영역입니다. 그리고 많이 써봐야 빨리 쓸 수 있습니다.

4단계 : 퇴고하기

술술 읽히는 문장을 만드는 퇴고의 기술

구상하기, 구성하기, 집필하기까지 끝났으면 하루 정도 묵힌 다음 퇴고하세요. 다른 작품을 인풋할 땐 내가 그 작가라고 생각하고, 내 작품을 쓸 때는 주인공이 되었다고 생각하며, 퇴고할 땐 독자가 되었다고 생각하세요. 주어 서술어 호응이 안 되는 문장은 바로잡고 긴 문장은 여러 개로 나누세요. 답을 먼저 제시하고 그 다음에 근거를 제시하세요. 즉 두괄식으로 쓰세요. 문장뿐만 아니라 내용도 마찬가지입니다. 중요한 내용을 먼저 보여주세요. 숨기거나 비유하지 말고 그냥 보여주되 가능한 대화로 풀어주세요. 웹소설 독자는 대화 위주로 빠르게 읽으니까요.

형용사, 부사, 접속사들을 삭제하세요. 읽을 때 턱턱 걸리는 부분은 아니지만 문장을 무겁고 느리게 만듭니다. 일단 넣었다가 퇴고할 때 빼 보고, 문제가 없다면 빼버리는 게 좋습니다. 맞춤법 검사기로 오타와 띄어쓰기를 잡아내세요. 예전에는 웹소설 독자들이 오타나 비문에 관대했지만 이제는 그렇지 않습니다. 이 부분은 매니지에서 해주지만 문매처럼 안 해주는 경우도 있습니다.(물론 요청하면 해 줍니다.) 띄어쓰기는 틀려도 큰 문제 없지만 쉬운 오타는 반드시 없애야 합니다. 강철이 강털로, 헌터가 헌처로, 버프가 보프라고 적혀 있으면 독자들이 짜게 식어버립니다. AI를 활용하는 것도 좋습니다. 캐릭터 설정이나 자료조사, 퇴고나 윤문, 작품에 대한 평가나 피드백을 받을 수 있습니다.

퇴고를 마치면 플랫폼에 업로드하고 자신에게 작은 보상을 주세요. 1일 1빡을 끝냈다면 충분히 그럴 자격이 있습니다.

오늘도 수고 많으셨습니다.

에필로그

웹소설 시장에서 살아남기

웹소설도 결국 사람 사는 이야기다

예전에는 신작을 구상할 때 소재를 중심으로 생각했습니다. 주인공이 무엇을 하고 싶어 하는지, 어떤 특별함이나 능력을 갖추고 있는지, 무엇을 이루어 가는지에 집중했죠. 하지만 이제는 '무엇을'이 아니라 '어떻게'에 더 주목합니다. 주인공이 어떤 인물들과 어떻게 상호작용하는지, 어떤 감정 변화를 겪는지, 어떻게 목표를 이루어 나가는지를 생각하는 것입니다. '무엇을(what)'에서 '어떻게(how)'로 무게추가 이동한 셈입니다.

이렇게 달라진 이유는 웹소설 시장에서 캐릭터의 중요성이 날로 커지고 있기 때문입니다. 이 책에서 주인공의 중요성에 대해 여러 차례 강조해 왔지만 조연 캐릭터들의 중요성도 부각되고 있습니다. 원래부터 캐릭터 위주로 생각하던 분들은 상관없지만, 저처럼 플롯 위주로 구상하는 타입이라면 캐릭터 위주로 방향을 전환하시는 게 좋습니다. 물론 하루아침에 되는 문제는 아니지만요.

남성향 웹소설은 빠른 성장, 기대 이상의 보상, 과할 정도의 사이다 전개, 기발한 소재가 중요했습니다. 게임 캐릭터를 키우듯 속도감 있게 전개하며 주인공이 쑥쑥 성장하기만 해도 좋은 성적을 낼 수 있었죠. 웹소설 시장이 폭발적으로 성장하던 시절, 라이트 독자가 대거 유입되었을 때의 이야기입니다. 하지만 지금은 달라졌습니다. 라이트 독자들의 상당수가 '고인물'이 되면서 눈이 높아졌습니다. 작품들의 전반적인 수준과 다양성도 크게 제고되었고요. 무엇보다 작품 수 자체가 많이 늘어났습니다.

이제는 주인공의 무지성 레벨업만으론 부족합니다. 인간의 욕망과 두려움, 결핍을 깊이 이해하고 캐릭터의 성격과 감정을 그려낼 수 있어야 합니다. 물론 사이다와 칭찬, 인정, 성장, 보상은 여전히 중요합니다. 그것만 잘하기도 쉽지 않긴 합니다. 하지만 이제는 '소설적 깊이'도 필요합니다. 순문학적인 현학성이나 철학을 말하는 게 아닙니다. 그 작가만이 줄 수 있는 개성과 창의성, 인물에 대한 이해 등에 더 가깝습니다. 모두가 그 작가의 지식과 경험에서 나오는 것들이지요. "가장 개인적인 것이 가장 창의적인 것"이라는 말처럼요. 이 책에서 "나 자신을 알아야 한다"고 강조한 이유가 여기에 있습니다.

조금 전에 말씀드렸듯이 저는 저 자신을 바꾸기 위해 절치부심하고 있습니다. 웹소설을 바라보는 태도부터 글을 쓰고 전개하는 방식까지 전부 달라지지 않으면 '하꼬 작가'를 벗어날 수 없다는 것을 깨달았으니까요. 예전 같았으면 바로 연재를 시작했을 정도로 괜찮은 소재가 여러 개 있는데도 이 책부터 쓴 이유가 바로 이것입니다. 가르치는 사람이 더 많이 배운다는 말이 있듯이, 책을 쓰는 과정에서 많은 생각과 발전을 할 수 있기 때문입니다. 물론 제 나름의 경험과 통찰을 나누고 싶기도 했고 웹소설의 현실을 알려드리고 싶기도 했습니다. 웹소설에 대한 장밋빛 유혹이 넘쳐나기에 "무턱대고 웹소설 작가 되면 거지꼴을 못 면한다."라는 말씀을 드리고 싶었습니다.

쓰는 것 자체가 보상이 되어야 한다

도파민을 연구하는 학자들이 어린이들에게 그림 그리기를 시켰습니다. 아이들을 즐겁게 그림을 그렸지만, 다음 날 그림에 대가를 주기 시작하자 그림에 대한 흥미를 잃고 말았습니다. 순수하게 즐기던 일에서 대가를 얻기 위한 일로 바뀐 것이죠. 이처럼 순수하게 그 자체를 즐기던 일도 보상을 제공하는 순간부터 의욕과 능률이 곤두박질치는 경우가 많습니다.

웹소설도 마찬가집니다. '이 작품으로 월천킥 해야지!', '투베 1페 들어야지!', '유명 작가가 돼야지!'라고 생각하는 건 목적과 목표, 결과와 성과를 혼동하는 것입니다. 이렇게 생각하면 글쓰기도 '노가다'가 됩니다. 게다가 내가 노력한다고 해서 되는 문제가 아니라서 엄청난 스트레스를 받게 됩니다. 일희일비하다가 멘탈이 갈리기도 쉽고요. 돈벌이가 목적이라면 웹소설은 좋은 선택이 아닙니다. 로또처럼 낮은 확률을 위해 인생을 갈아 넣는, '괴짜 경제학'이라는 책에 나오는 마약 딜러들처럼 어리석은 선택입니다.

괴짜 경제학(Freakonomics)은 스티븐 레빗과 스티븐 더브너의 책입니다. 이 책의 3장 제목은 "마약 판매상은 왜 어머니와 함께 사는 걸까?"인데요, 미국 마약상들이 언젠가는 보스처럼 부자가 될 거라는 꿈을 꾸며 살지만, 실제로는 대부분 가난하게 사는 현상을 분석하고 있습니다.

저는 어렸을 때부터 글 쓰는 것과 책 읽는 게 너무 좋았습니다. 지금 이 순간에도 쓰고 싶은 이야기가 계속해서 떠오르고 있고요. 그래서 쓰는 것뿐입니다. 한 번뿐인 인생이니까요. 다만 생계를 유지할 수 있어야 하기에 상업적인 글을 쓰는 것입니다. 그래야 글을 계속 쓸 수 있으니까요. 어쨌든 웹소설을 쓰는 것 자체가 동기이자, 목적이자, 보상이 되어야 합니다. 안 그러면 너무 힘들기 때문입니다.

웹소설 재능론의 허구

웹소설 커뮤니티를 보면 시작한 지 얼마 안 된 분들이 "지표 평가 좀.", "나 재능 있어 보임?"이라고 묻는 경우를 종종 봅니다. 어떤 심정으로 그런 걸 묻는지는 잘 알지만 결국 성공하는 분들은 지표가 좋든 나쁘든, 재능이 있든 없든 <u>계속 쓰는</u> 분들입니다.

노파심에서 말씀드리지만 한 작품을 계속 쓰라는 말이 아닙니다. 쓰는 것 자체를 계속하라는 뜻입니다.

어느 유튜버는 이렇게 말했습니다. "할 사람은 그냥 한다. 하지도 않으면서 '제가 재능이 있을까요? 이 길이 맞을까요?'라고 묻는 사람들이 많은데 이해는 한다. 멘탈이 흔들리고 불안하니까. 하지만 할 사람은 그냥 한다."
당신은 어느 쪽인가요?

최근의 심리학 연구들은 재능이나 천재성이 절대적이지 않다는 걸 증명하고 있습니다. 그리고 글쓰기는, 특히 웹소설 쓰기에는 생각보다 다양한 기술과 능력이 필요합니다. '웹소설 재능'이라는 단일한 재능은 없으며 문장력, 아이디어 발굴 능력, 상상력, 지식, 기획력, 분석력 등의 다양한 능력이 조합되어 발현됩니다. 고도로 형식화된 음악이나 순수미술과 달리 글쓰기에는 현실의 복잡성이 그대로 반영되기 때문입니다. 그리고 위에서 말씀드린 문장력, 기획력, 상상력 등은 전부 훈련과 경험으로 성장 가능합니다. 많이 읽고 많이 쓰고 많이 생각하면 저절로 늘어나는 것이죠. 우리의 뇌는 가소성이 높기 때문에 지속적으로 노력하면 생각보다 빠르게 발전할 수 있습니다. <u>뇌 가소성</u>은 과학이지만 재능은 허구입니다.

뇌 가소성(neuroplasticity)은 뇌가 외부 환경이나 경험, 학습, 뇌손상 등에 의해 구조적, 기능적으로 변하는 것을 뜻합니다.

다시 말씀드리지만 '웹소설 재능'이라는 건 없습니다. 있어도 연습과 훈련으로 키울 수 있습니다. 처음부터 잘 쓰는 작가는 없으며 대부분이 뒤로 갈수록 좋아집니다. 있더라도 초심자의 행운인 경우가 많고요. 계속 유지할 능력이 없다는 뜻입니다. 처음부터 잘 쓰는 것처럼 보이는 작가들도 이미 많은 양의 글을 써온 경우가 대부분입니다. 그게 팬픽이든 일기든 간에요.

어느 작가는 아이디어가 좋고, 어느 작가는 캐릭터가 좋고, 어느 작가는 속도감과 사이다가 좋습니다. 전부 다 잘하는 작가는 없습니다. 예를 들어 헌터물에 맞는 시원한 전개와 짧은 문장을 쓰는 작가가, '필력 차력쇼'를 한다고 불릴 정도로 중후하고 흡인력 있는 글을 쓰기는 힘듭니다. 그럴 필요도 없고요.

물론 누가 봐도 재능이 있는 작가님들도 계십니다. 하지만 그분들은 그분들의 길을 가면 되고 우리는 우리의 길을 가면 됩니다. 그리고 "재능이 있어서 성공했다."는 몰라도 "재능이 없어서 실패했다."는 말은 대부분의 기성 작가님들이 동의하지 않을 겁니다. 적어도 웹소설 판에서는 그렇습니다.

내 필명이 내 브랜드다

삼성, 애플, 마블, 디씨, 코리안 좀비, 픽사, 고질라, 페이커, 에반게리온, 포켓몬스터……. 콘텐츠나 제품을 생산하거나 서비스를 제공하는 모든 개인과 기업이 브랜드 구축에 엄청난 시간과 노력을 기울이고 있습니다. 지금 이 순간에도 수천 편의 웹소설이 경쟁하고 있는 플랫폼에서도 브랜드가 효과를 발휘합니다. 전작을 재미있게 읽었거나 유명한 작가님의 작품, 나와 코드가 맞았던 작가님의 작품, 특정 장르의 장인으로 인정받는 작가님의 작품이라면 수많은 작품 중에서도 단연 눈에 띄겠죠? 실제로 문피아 공모전 등에서 종종 발생하는 일입니다. '네임드' 기성 작가가 글을 올리자마자 치고 올라가는 현상 말입니다.

이와 같이 잘 구축된 브랜드는 그 자체로 기대감을 만들어냅니다. 누구나 인지적인 낭비를 싫어하니까요. 필명만 들어도 "아 그 작가님!" 싶은 분들이 많습니다. 저도 그렇게 되려고 노력 중입니다.

10년 정도 할 생각 있나요?

무슨 일이든 10년은 해봐야 전문가가 될 수 있습니다. 아니, 전문가의 발끝에 도달할 수 있습니다. 베스트셀러였던 〈1만 시간의 법칙〉도 비슷한 맥락이죠. 저도 이제야 웹소설이 뭔지 아주 조금 알 것 같은 느낌입니다.

잘하고 싶으면 많이 해야 합니다. 물론 무조건 많이 한다고 해서 잘하게 되는 건 아니지만요. 편안한 영역(comfort zone)에서 안주하지 말고 불편한 영역(discomfort zone)으로 자신을 몰아붙여야 합니다. 안 그러면 '가능성 중독'에 빠진 상태와 다를 바 없으니까요. 편안한 영역에 안주하며 쓰던 대로 계속 쓰면 실력이 늘지 않습니다. 힘들어도 한계를 돌파하기 위해 노력해야 합니다.

문제는 자신이 제대로 하고 있는지, 올바른 방향으로 가고 있는지 알 수 없다는 점입니다. 하지만 걱정 마세요. 문피아나 노벨피아 등에서 연재를 하면 알 수 있으니까요. 조회수, 댓글, 추천수, 연독률 등이 바로 해답입니다. 각 화의 지표들을 비교해서 내 의도와 세일즈 포인트가 잘 먹혔는지, 독자들이 어떤 걸 좋아하는지 파악하는 것도 아주 좋은 수련법입니다.

앞에서 웹소 작가로 10년 이상 버티기 힘들다고 말씀드렸습니다. 하지만 버텨낸 작가가 없는 건 아닙니다. 문제는 초보인 당신이 그런 '고인물'들을 이기는 게 쉽지 않다는 점입니다. 하지만 이건 어느 분야든 마찬가지 아닐까요? 그러므로 10년 정도는 지속할 각오와 준비가 필요합니다. 물론 그런 생각을 가지고도 1년 만에, 3년 만에, 5년 만에 그만둘 수도 있습니다. 그러나 계획은 길게 잡아야 합니다.

지금은 잘 못 써도, 성적이 나쁘고 수입이 낮아도, 올바른 방향과 방법으로 꾸준히 노력하면 반드시 좋은 작품을 쓰게 될 것입니다. 지금도 많은 작가들이 그런 희망을 가지고 하루 한 편씩 글을 쓰고 있습니다. 물론 저도 마찬가지고요.

부록

뭘 쓸지 고민하는 당신에게

데뷔 확률을 200% 높여주는 필살기

저는 이 책에서 "작가는 자기 자신을 알아야 한다."고 여러 번 말씀드렸습니다. 그래야 여러분에게 맞는 장르와 소재를 찾을 수 있고, 투베 등반과 유료화가 쉬워지기 때문입니다.

하지만 그렇게 해도 데뷔가 어려울 수 있습니다. 그런 분들을 위해 하나의 방법을 말씀드리고자 합니다.

여러분이 20살이든 50살이든 살아온 경로와 경험이 있을 겁니다. 영화든 만화든 웹소설이든 보아 온 작품들이 있을 테고요. 전자는 직접 경험이고 후자는 간접 경험입니다. 작가들은 직접 경험과 간접 경험을 모두 활용해서 글을 씁니다. 그런데 초보 작가일수록 직접 경험으로 글을 쓰는 게 좋습니다. 자신이 직접 겪은 일이니까요. 디테일도 살아있고 쓰기도 쉽습니다. 적어도 간접 경험보다는요. 이쯤 되면 제가 무슨 말을 하려는지 눈치채셨을 겁니다.

"여러분의 경험을 바탕으로 웹소를 써 보세요."

공장에서 일해본 적 있나요? 그러면 생산직 직원이나 설계직 직원이 어느 날 갑자기 상태창을 보기 시작하고, 그 덕분에 놀라운 능력을 발휘하는 이야기를 써보세요. 그 덕에 중소기업에서 승승장구한 다음 중견기업으로 이직하고, 마침내 대기업으로 이직해서 놀라운 활약을 펼치는 겁니다. 이 과정에서 중소기업 사장과 중견기업의 미녀 간부, 재수 없는 상사, 대기업 회장 등등이 주인공을 주목하기 시작합니다. 처음에는 모두가 주인공을 무시하고 의심하지만 주인공의 놀라운 퍼포먼스를 목격한 뒤에는 어떻게든 자기편으로 만들려고 안달복달합니다. 주인공은 이 과정에서 감탄받고 칭찬받고 인정받고 사랑받고 지위와 권력을 얻게 되고요.

제가 일일이 예로 들기 힘들 정도로 수많은 직업들이 있습니다. 알바도 가능하고 계약직도 가능합니다. 경찰이나 공무원도 좋고 군대도 좋습니다. 횟집이나 시장에서 일한 경험이나 택배기사, 대리기사, 배달기사 경험도 좋습니다. 코인이나 주식투자를 해본 적이 있으면 그것도 좋고요. 저도 애니메이션 업계 경험을 살려서 〈인생을 리메이크하는 천재 애니메이션 감독〉을 썼습니다. 대필작가가 등장하는 웹소설도 써보고 싶었는데, 이건 아무리 생각해도 200화짜리 장편으로 쓸 '각'이 안 나오더군요. '남의 책을 써주고 먹고 사는' 대필작가 이야기는 대체 어떻게 푸는 게 좋을까요?

어쨌든 이렇게 실제 경험이 녹아든 '현대판타지 직업물'을 쓰시면 유료화 가능성이 조금이라도 높아집니다. 직업물 또는 전문가물은 항상 수요가 있고 연독도 좋은 편이거든요. (특히 문피아에서 초강세입니다.) 여러분이 직접 겪은 일이니까 쓰기도 쉬울 테고요. 이 작품의 기본적인 전개는 다음과 같습니다.

1. 어려운 과제나 장애물이 발생하거나 빌런이 출현한다. (=A 사건) [긴장감]
2. 라이벌이나 빌런, 또는 주변 인물들이 A 사건이 얼마나 어려운 일인지 이야기한다. (그러나 주인공은 이미 치트

키나 해결 방법을 알고 있으며, 주인공이 알고 있다는 걸 독자들도 알고 있다.) [긴장감] [호기심] [기대감]
3. B 사건의 도입부가 자연스럽게 소개된다. [긴장감] [호기심]
4. 주인공이 A 사건을 멋지게 해결한다. [기대감의 충족을 통한 만족감]
5. 주변의 인정과 칭찬, 상사들이나 업계 전문가, 경영진 등의 재평가 및 관계역전이 발생한다. [대리만족]
6. B 사건이 본격적으로 전개된다. [긴장감] [호기심]

1번부터 6번까지를 패턴화해서 반복하시면 됩니다. 너무 단순하거나 원패턴이다 싶으면 다른 직업물(전문가물)을 참고해서 바리에이션을 주시고요. 사실 전개 과정도 기존 직업물을 참고하시면 됩니다. 베끼라는 게 아니라 내 것으로 흡수해서 활용하시라는 뜻입니다. 초반에는 다음과 같은 순서로 전개하세요.

1. 어떤 업계에서 탑을 찍은 주인공이 모종의 이유로 억울한 일이나 배신을 당한다.
2. 과거로 회귀해서 새로 시작하게 된다.

3. 주인공은 엄청난 고인물이라서 놀라운 활약을 펼친다. (신입이 이걸 해냈다고?!!)
4. 그 결과 재평가와 감탄, 칭찬, 관계역전이 벌어진다.

이후에는 (3)과 (4)를 반복하시면 됩니다. 중요한 것은 주인공이 승승장구할 것, 주변 캐릭터들이 주인공에게 감탄하고, 신뢰하고, 칭찬하고, 주인공의 활약 덕분에 구원받도록 할 것, 주인공의 지위가 단계적으로 올라갈 것, 세계관이 점점 확장될 것, 주인공에게 친절했던 선인(善人)들은 복을 받고 악인들은 참교육을 당할 것 등입니다.

작품의 초반부터 업계인만이 알 수 있는 디테일을 살려주세요. 업계 용어와 은어, 업계인들만 아는 상황이나 대화를 넣어주시면 됩니다. 〈인생을 리메이크하는 천재 애니메이션 감독〉의 경우 1990년대 중반의 애니메이션 회사에 대한 묘사와 상황이 들어가 있습니다. 문제는 제가 애니메이터가 아니라 PD였다는 점입니다. 그림이 아니라 기획과 사업, 스토리 쪽이었지요. 그래서 일본 하청 일을 오래 하셨던 선배님들과 감독님들을 귀찮게 한 뒤에야 현장감을 제대로 줄 수 있었습니다.

직업물(전문가물) 냄새가 물씬 나면서도 어느 정도 어그로가 끌리는 제목을 짓고 안정적으로 패턴을 반복해 나간다면, 최소한 유료화까지는 가능할 겁니다. 물론 성적이 문제지만요. 하지만 적은 액수라도 돈을 받으며 유료연재를 해보는 것은 큰 경험입니다. 특히 흘러내리는 연독률을 필사적으로 방어해가며 200화 가까이 연재해본 경험, 죽이 되든 밥이 되든 완결을 내본 경험은 정말 커다란 자산이 되어줍니다. 무료연재에서 계속 헤매면서 2~30화에 연중을 거듭하는 것과는 하늘과 땅 차이입니다.

물론 판타지나 스포츠, 대역, 무협 등으로 유료화가 가능하신 분들은 그냥 그렇게 하시면 됩니다. 하지만 자신이 없거나 여러 번 실패하신 분들은 속는 셈 치고 한번 해보시기 바랍니다. 각 장르에서 몇 질이나 발표한 베테랑들과 진검승부를 벌이는 것보다는 낫지 않을까요?

웹소설 작가를 위한 초간단 인공지능 활용법

웹소설 업계에서도 AI가 큰 관심을 끌고 있습니다. 많은 작가님과 독자님들이 AI 사용에 반감을 갖고 계시기 때문에 이 부분에 대해 말씀드리는 것이 대단히 조심스

럽습니다. 다만 현명하게 활용하면 괜찮은 보조 도구가 될 수 있기 때문에 '매도당할' 위험을 무릅쓰고 말씀드리고자 합니다. 읽어보시면 아시겠지만 웹소설은 '딸깍'으로 생성할 수 없다는 점을 분명히 말씀드립니다.

지금부터 웹소설에 AI를 활용하는 방법에 대해 간략히 말씀드리겠습니다. 지면이 한정적이라 자세한 설명은 못 드리지만, 직접 활용하면서 자신만의 방법을 찾아 나가시면 됩니다. AI를 적극적으로 활용하는 작가들도 방법론이나 경험담이 천차만별이거든요. 하지만 모두가 동의하는 것들이 있습니다.

첫째, 마우스 딸깍만으로는 돈이 되는 작품을 만들 수 없습니다. 작가가 시놉시스를 자세히 써서 줘야 읽을 만한 작품이 나옵니다. 최소 150화 이상이 기본인 웹소설은 더더욱 그렇습니다. LLM(대형언어모델) 특유의 장기기억 문제 때문이지요. 따라서 AI를 '이용해서' 웹소설을 쓴다는 생각보다 AI와 '함께' 웹소설을 쓴다는 생각이 낫습니다.

둘째, 작가 스스로가 좋은 글과 재미있는 작품에 대한 안목과 실력을 갖춰야 합니다. 웹소설에 대한 이해도가 낮으면 좋은 작품을 만들 수 없습니다. 아무리 좋은 스포츠카도 운전실력이 꽝이면 제대로 몰고 다닐 수 없는 것과 비슷합니다.

지금부터 인공지능 활용 방법에 대해 간단히 말씀드리겠습니다.

1. 아이디어 발전소: 막힌 스토리에 활력 불어넣기

웹소설을 쓰다 보면 아이디어가 고갈되거나 이야기가 막힐 때가 종종 있죠. 이럴 때 AI를 브레인스토밍 파트너로 활용할 수 있습니다. 아래는 간단한 프롬프트 예시입니다.

로맨스 판타지 웹소설에 사용할 만한 신선한 소재 아이디어 5가지 추천해줘.

주인공이 절체절명의 위기에 빠졌다가 극적으로 탈출하는 사건 아이디어 3가지 알려줘.

(지금까지 쓴 원고를 첨부한 뒤) 내 웹소설 [장르]의 다음 에피소드에 나올 만한 흥미로운 반전 요소 좀 제안해줄래?

새로운 마법 시스템, 가상 국가의 문화, 독특한 사회 구조 등 세계관 설정에 대한 영감도 얻을 수 있습니다.

내가 구상 중인 SF 웹소설은 인류가 우주로 진출한 미래 사회가 배경이야. 이 세계관에 어울릴 만한 독특한 행성 설정 아이디어 3가지를 제안해줘.

새로운 마법 주문 종류 5가지와 각 주문의 간단한 효과를 설명해줘.

(초반부 원고를 업로드한 뒤) 이 헌터물에 어울리는 몬스터들을 설정해 줘.

2. 이름짓기 도사 & 설정 도우미: 창작의 디테일 채우기

AI는 각종 이름 생성에 탁월합니다. 등장인물의 이름, 지명, 국가명, 단체명, 마법 주문, 무공 초식, 스킬 이름, 아이템 이름, 몬스터나 외계 종족 이름 등을 지을 때 AI를 이용해 보세요.

무협 웹소설에 어울리는 남자 주인공 이름 10개와 각 이름에 어울리는 성격 키워드를 알려줘.

겉으로는 차갑지만 속정이 깊은 여자 조력자 캐릭터의 배경 설정 아이디어 좀 줄래?

내 판타지 소설에 등장할 고대 유물 이름 10개를 추천해줘. 신비로운 느낌이면 좋겠어.

게임 판타지 웹소설에 쓸 만한 화려한 스킬 이름 5개만 알려줄래?

소설의 배경이 되는 시대의 역사적 사실, 특정 지역의 문화, 과학적 개념 등을 빠르게 찾아볼 수 있습니다. 단, AI가 제공하는 정보는 오류가 있을 수 있으니 반드시 교차 검증이 필요합니다.

조선시대 양반들의 평균적인 하루 일과에 대해 간략하게 설명해줘.
블랙홀의 기본 원리에 대해 중학생도 이해할 수 있게 쉽게 설명해줘.

특정 장소나 상황에 대한 묘사 아이디어를 얻을 수 있습니다.

고요한 새벽녘 안개 낀 숲의 모습을 시각, 청각, 후각적으로 묘사해줘.
미래 도시의 번화한 밤거리를 생동감 있게 묘사해줘.

3. AI와 똑똑하게 대화하는 초간단 프롬프트 규칙

AI에게 원하는 답변을 얻으려면 질문하는 방법, 즉 '프롬프트' 작성이 중요합니다. 웹소설에 대한 자신만의 철학과 방법론이 녹아든 프롬프트를 작성하고, 실제로 사용하면서 고도화시켜 가시기 바랍니다. 해외 작가들은 '3막 구조', '영웅의 여정(Hero's Journey)'나 '세이브 더 캣(Save the Cat)' 같은 플롯 구조(Framework)를 사용하기도 하지만 웹소설과는 다소 거리가 있습니다.

저는 저만의 웹소설 철학(?)과 방법론을 담은 프롬프트를 만들어서 계속 업데이트하고 있습니다. 이것을 단계별로 GEMINI GEM이나 챗GPT 프로젝트 등에 업로드해서 사용하면 됩니다.

어쨌든 프롬프트 작성의 제1원칙은 원하는 장르, 분위기, 내용, 분량 등을 명확하고 구체적으로 알려주는 것입니다.

또한 AI에게 특정 역할을 부여하면 더 나은 답변을 얻을 수 있습니다.

너는 판타지 소설 전문 편집자야. 내가 구상한 캐릭터 설정의 문제점을 지적해줘.

필요한 정보(맥락)을 충분히 제공해야 AI가 상황을 더 잘 이해하고 적절한 답변을 할 수 있습니다. 지금까지 작성한 원고를 '먹이는'(업로드하는) 것도 좋습니다.

주인공은 피도 눈물도 없는 암살자인데 처음으로 동정심을 느껴. 이 감정 변화를 어떻게 표현하면 좋을까? 이전까지 주인공은 임무 외에는 감정을 드러낸 적이 없어.

AI와 작업할 땐 여러 선택지를 달라고 요청한 다음 마음에 드는 것을 고르거나 조합하는 것이 효율적입니다. 한 번에 결과를 얻으려고 하기보다 AI와 대화하듯 여러 차례 피드백을 주고받는 것이 좋습니다. 원고 작성 자체를 시킬 때도 최대한 상세한 플롯을 주는 게 좋습니다. 그렇게 하지 않으면 엉뚱한 답변, 장기기억문제, 캐릭터 일관성 파괴 등의 문제가 발생하기 때문입니다. 그런 문제가 없이 출력된 원고도 많이 손을 봐야 하고요.

4. 어떤 AI를 쓸 것인가?

시중에는 다양한 AI 서비스가 있습니다. 어떤 작가님은 클로드를 선호하고 어떤 작가님은 챗GPT를 주로 사용합니다. 두세 개의 유료 서비스를 함께 이용하는 경우도 흔하고요. 클로드(Claude)는 문장이 자연스럽지만 사용상의 제약이 많고, 그록(Grok)은 자유도가 높고 검열이 적은 것처럼 모델마다 장단점이 있기 때문입니다. 그러나 공통적으로 선호되는 모델이 있는데 바로 구글의 제미나이(Gemini)입니다. 문장이 다소 딱딱하다는 단점을 상쇄하는 압도적인 토큰량과 퍼포먼스, 풍부한 생태계가 존재하기 때문이지요. (단, LLM 모델들의 특성은 업데이트에 의해 얼마든지 바뀔 수 있습니다.)

제미나이 생태계의 세 가지 핵심 서비스인 제미나이, 구글 AI 스튜디오, 노트북LM에 대해 간략히 말씀드리겠습니다. 먼저 대화형 AI인 제미나이는 범용성이 높습니다. 플롯이나 캐릭터 아이디어를 발전시키거나 자료조사를 부탁할 수도 있고, 시놉시스를 넣어서 문장을 생성할 수도 있습니다.

AI의 결과물을 좀 더 세밀하게 제어하고 싶다면 구글 AI 스튜디오가 유용합니다. 특정 문체나 분위기를 일관되게 유지할 수도 있고 소설 속 캐릭터에게 고유한 페르소나를 부여할 수 있습니다. 프롬프트 템플릿을 만들어 반복 작업의 효율을 높일 수도 있고 ASP 방식으로 사용할 수도 있지요.

마지막으로 노트북LM은 제미나이로 뽑은 세계관 설정집, 작가가 이미 집필한 원고, 혹은 방대한 조사 노트 등을 업로드해서 보조작가처럼 사용할 수 있습니다. 한 편씩 쓸 때마다 노트북LM에 업로드하고 궁금한 걸 물어보면 설정오류를 줄일 수 있습니다. 제 경험상 웹소설보다는 논픽션 집필이나 대필작업에 더 유용했습니다.

이외에도 다양한 AI 도구들이 계속 등장하고 있습니다. Sudowrite, Novelcrafter, Novel AI 등의 글쓰기 전용 툴들도 있고 채팅 AI를 소설 집필에 활용할 수도 있습니다. 진부한 말이지만 백문이 불여일견이니, 직접 사용해 보시고 제일 잘 맞는 AI를 찾으시기 바랍니다.

① AI, 현명하게 활용하세요

가끔 에이전트(agent)나 MCP, 랭그래프 등을 사용해서 웹소설 집필 자체를 자동화하거나 작품의 아이디어나 플롯까지 생성시키려는 분들이 있습니다. 그런 식으로 빠르게 많이 '찍어내서' 돈을 벌려는 건데 실제로는 잘 되지 않습니다. 웹소설은 (자동화가 가능한) 유튜브 쇼츠와는 다르기 때문입니다.

AI가 더 발달하면 되지 않느냐고요? 제 생각은 반대입니다. 시간이 지날수록 오히려 더 힘들어질 겁니다. AI로 인해 역설적으로 작가의 개성이 살아있는 작품, 인간미가 듬뿍 묻어나는 작품, (이세돌 9단이 알파고를 이겼던 '신의 한 수'처럼) 예상치 못한 전개를 통한 기분 좋은 놀라움(awe)이 더욱 중요해질 테니까요.

만약 가능하더라도 별 의미 없을 겁니다. 기계로 찍어낸 밍숭맹숭한 작품은 편결의 무료 25화라는 허들을 넘지 못할 것이고, 정액제에서도 푼돈밖에 안 될 테니까요. 실제로 꽤 그럴듯하게 출력된 AI 소설들을 여럿 봤지만 실질적인 성과를 낸 작품은 거의 없었습니다. (성과의 기준이 무엇인가에 따라 다르겠지만요.)

따라서 AI를 적극적으로 활용하더라도 어디까지나 보조적인 수단으로 활용해야 합니다. '내가 쓰는 게 아니라 AI가 쓰는' 레벨로 넘어가는 순간 작가가 아닌 편집자가, (영화나 애니메이션의) 감독이 아닌 제작자(PD)가 되기 때문입니다. 편집자와 제작자는 작품의 밖에서 작품을 보는 사람들입니다. 작가는 작품의 안에서 밖을 보는 역할이고요. 이것은 생각보다 큰 차이이며 상호 보완적인 관계입니다. 출판사에 편집자와 작가가 각각 존재하고, 영상 제작사에 감독과 작가, 프로듀서가 따로 있는 이유가 여기에 있습니다.

작가는 (제작자나 편집자와 달리) 직접 창작을 하는 사람입니다. 창작은 그 자체로 지극히 주관적이고 개인적인 작업이고요. 따라서 AI에게 창작을 맡기고 나는 기획과 편집을 하겠다는 생각은 작가로서의 정체성과 성장 가능성을 포기하겠다는 말과 같습니다. AI를 쓰더라도 주도권은 철저히 갖고 있어야 한다는 말입니다.

AI로 무엇을 쓸 것인가? AI를 어떻게 쓸 것인가?보다 AI를 왜 쓰는가?부터 생각해보세요. 그래야 'AI의 보조작가'가 되지 않습니다. 작가로서의 깊이와 인사이트가 없으면 제대로 된 프롬프트를 만들 수도 없고, 높은 수준의 질문을 할 수도 없습니다. 결국 AI가 토해내는 적당히 유려하고 적당히 재미있어 '보이는' 활자조합물 속에서 길을 잃게 될 것입니다.

이 책에서 여러 차례 말씀드렸듯이 웹소설은 진짜로 좋아하는 사람이 써야 합니다. 웹소설을 좋아하고, 글쓰기를 좋아하고, 머릿속의 장면과 이야기를 풀어놓지 않으면 견딜 수 없는 사람, 이런 사람만이 이 척박한 업계에서 버틸 수 있으니까요. AI에 지나치게 의존하는 것은 이런 즐거움을 없애버리는 짓입니다. 그렇게 되면 웹소설 쓰기에 무슨 의미와 기쁨이 있나요? 그렇다고 돈이 많이 되는 것도 아닌데 말이죠. 웹소설을 왜 쓰는지, AI를 왜 쓰는지부터 생각해보라고 하는 이유가 여기에 있습니다.

② 이러다 웹소설 작가들 다 죽어!

AI를 처음 사용하시면 깜짝 놀라실 겁니다. AI의 실력이 기대 이상이기 때문입니다. "어? 잘만 하면 AI 써서 쉽게 돈 벌 수 있겠는데?"라는 생각이 드실 수도 있습니다. 바로 그렇기 때문에 지금까지 침을 튀겨 가며 열심히 말씀드린 겁니다. AI를 활용하되 의존하진 마시라고요. 작업 시간과 스트레스를 줄여주는 것만으로도 AI의 효용성은 충분합니다.

가끔 "AI가 더 발전하면 웹소설도 끝장 아니냐?"라는 글을 봅니다. 하지만 LLM은 단어를 분해하여 토큰(token)으로 바꾸고, 토큰마다 ID를 붙인 뒤 임베딩(벡터화)한 다음, 트랜스포머(transformer) 아키텍처와 어텐션 메커니즘(attention mechanism) 등을 이용해서 '그럴듯한' 문장을 생성해내는 확률론적 기계일 뿐입니다. 즉 인간의 '마음'이 작동하는 방식과 근본적으로 다릅니다. 그래서 맥락(context)을 이해하고 그럴듯한 문장은 줄줄 뽑아내 주지만, 인간의 영성(靈性)과 감정을 진정으로 이해하거나 움직이지는 못합니다.

앞에서 말씀드렸듯이 독자의 마음을 움직이고 순수한 놀라움(awe)을 불러일으키는 직관과 감정은 어디까지나 인간의 영역입니다. 따라서 AI가 발달할수록 오히려 가치가 높아질 것입니다. 오직 인간만이 담아낼 수 있는 진솔한 경험과 깊이 있는 감정, 독창적인 세계관만이 독자들에게 진정한 재미를 줄 수 있으니까요.

물론 완전히 새로운 아키텍처나 알고리즘이 등장하면 AI가 인간의 마음을 이해할 수 있을지도 모릅니다. AI 기술이 퍼셉트론과 DQN, GAN 등을 거쳐 현재의 트랜스포머 아키텍처로 진화해 왔듯이요. 저는 생존 본능을 가진 인공생명체와 양자컴퓨팅, AI가 결합하면 그렇게 될지도 모른다고 상상하곤 합니다. 하지만 그때는 작가들이 아니라 독자들이 '딸깍' 한 번으로 웹소설을 생성할 겁니다. 개인화된 AI가 '주인님'의 취향에 꼭 맞는 작품을 일류 작가 뺨치는 필력으로 '말아줄' 테니까요. 즉 작가들이 AI로 웹소설을 쓰는 게 문제가 아니라 독자들이

AI로 웹소설을 쓰는 게 문제가 될 겁니다. 진정한 의미의 UCC(User Created Contents) 시대가 되는 셈이죠. 작가라는 직업이 사라지고 대여점 시절 소설에 종종 등장하던 '캡슐'이 일반화될지도 모릅니다. 아직은 SF의 영역 아니냐고요? 맞습니다. 하지만 실시간으로 영상을 생성해주는 AI 동영상 모델이 이미 출시되고 있습니다. 마크 저커버그가 잘나가던 회사 이름을 '페이스북'에서 '메타'로 바꾸면서까지 꿈꾸었던 세상, 모든 간접경험이 직접경험으로 대체되는 세상이 빠르게 현실화되고 있는 셈입니다.

③ 번역으로 해외진출 VS 번역으로 무한경쟁

"AI가 웹소설 쓰면 작가들 다 굶어 죽는 거 아니야?"보다 현실적인 질문은 "AI가 전 세계 웹소설들을 번역해서 언어의 장벽이 없어지면 어떡하죠?"입니다. 이미 통역과 번역에서 AI가 막강한 영향력을 발휘하고 있습니다.

어떤 회사나 팀이 웹소설들을 전 세계 언어로 번역해서 서비스하면 어떻게 될까요? 중국 웹소설들과 일본 라노벨들이 한국 웹소설 시장을 점령해 버릴까요? 아니면 한국 웹소설들이 중국과 일본을 초토화 시킬까요? 만약 이런 세상이 오면 우리는 어떤 장르, 어떤 내용의 웹소설을 쓰는 게 좋을까요? 그냥 하던 대로 하면 될까요?

　해답은 아무도 모르지만 한 가지는 확실합니다. 인공지능을 활용해야 살아남을 수 있다는 사실입니다. 하다못해 자료조사용으로만 활용하더라도요. 지금 우리는 아무도 상상하지 못했던 거대한 변화의 초입에 와 있는지도 모릅니다. 여기에서 살아남을지 아닐지는 우리 자신에게 달려 있습니다.

> 잡JOB
> 문집 시리즈

나의 일을 사랑하는 사람들을 소개합니다. 나만의 가치와 신념을 가지고 언제나 열정을 가지고 일하는 당신을 위한 책. 가벼운 에피소드부터 진지한 삶의 의미까지. 현실적인 직업 현장의 모습과 조언, 일을 통해 나를 실현하는 통찰까지 담았습니다.

잡JOB문집 시리즈 ❶
할퀴고 물려도 나는 수의사니까
오늘도 동물병원은 전쟁중 박근필 지음

"반려동물과 보호자, 수의사는 한 팀입니다." 현직 수의사가 풀어내는 동물병원 이야기. 환자(반려동물)와 보호자(반려인), 치료자(수의사)가 어떻게 한 팀이 되어야 하는지 다양한 Q&A를 통해 알 수 있다.

잡JOB문집 시리즈 ❷
당연히 아나운서니까
국내 최초 국제뉴스 전문 아나운서의 매운맛 Q&A 박세정 지음

18년 차 아나운서이자 1,300건이 넘는 국제회의와 포럼을 진행한 영어 MC가 말하는 아나운서 이야기. 천편일률적인 직업 소개가 아닌, 잔인할 정도로 솔직한 그녀의 답변은 아나운서와 국제 MC의 현실을 생생하게 엿볼 수 있다.

잡JOB문집 시리즈 ❸
혹시 출연 가능하신가요?
19년차 방송작가의 발랄한 생존 비법 하정민 지음

19년 차 방송작가가 말하는 방송국에서 살아남는 법. 카메라 뒤에서 일하는 사람들의 모습을 Q&A로 풀어냈다. 그동안 사람들이 잘 몰랐던 방송 제작 비하인드 스토리. 카메라 뒤에도 사람 있어요!

잡JOB문집 시리즈 ❹
우리술로 당당하게
취하는 게 아쉬운 전통주 이야기 김치승 지음

전통주도 이제 나이 든 사람들의 전유물이 아니다. 전 세대를 아우르는 전통주의 매력을 이야기하는 책. 전통주에 대한 오해와 진실부터 MBTI 맞춤 전통주까지 20대 전통주 보틀샵 대표가 말하는 전통주 이야기

 경기도 고양시 덕양구 청초로66 덕은리버워크 지식산업센터 B-1403호 T.02-323-5609